횡설수설 공통분모

현장을 책임진 리더에게 전하는 소통이야기

행복한 가정을 바라는
독자 모두에게 전하는 소통이야기

횡설수설 공통분모

[橫說竪說 共通分母]

이종덕 지음

시작하는 이야기
결국은 소통이다(無通不信)

    현장에서 무슨 문제가 생기면, 리더가 그것 하나 제대로 관리하지 못하고 무엇을 했느냐며 상사의 불호령이 먼저 떨어진다. 그러나 일정기간 아무런 문제가 없는 평화기가 지속되면 다시 사정이 달라진다. 사소한 것은 직원들에게 위임하고 리더는 좀 더 혁신적인 일에 비중을 두어야 한다며 핀잔을 듣는다. 그러다가 위임했던 부분을 처음부터 다시 일일이 확인해야 하는 돌발 변수도 생긴다. 그렇지만 교육시간에는 어김없이 과감한 위임을 강조한다.

    필자 역시 그렇게 당해 왔고, 또 죄송스럽게도 그런 상사를 답습해 왔다. 그렇다면 도대체 리더는 어떤 모습이어야 하며, 또 올바른 리더십이란 무엇일까? 아무리 고민 고민해도 기존의 리더십 이론서나 교재에 기초한 교육 만으로는 확실히 감이 잡히지 않는다. 유치한 내용과 서투른 문장 때문에 놀림 받을 두려움을 무릅쓰고 등장하게 된 첫 번째 배경이다.

이 세상 모든 조직에는 다 리더가 있다. 국민이 뽑은 대통령, 입법활동을 맡은 국회의원, 입법. 사법. 행정 부처의 높고 낮은 책임자도 리더이다. 당연히 기업의 최고책임자는 물론, 일개 과나 팀을 책임진 리더도 있다. **또한 우리들 각자는 세상 누구보다 더 소중한 각 가정의 리더임을 분명히 알리고 싶다.** 아무리 큰 조직을 이끄는 리더라도 자기 가정을 제대로 리드하지 못한다면 결코 훌륭한 리더가 될 수 없다. 우리들 누구에게나 해당되는 〈가정의 리더〉가 이 책이 등장하게 된 두 번째 배경이기도 하다.

그리고 묘하게도 최고 책임자나 최고 경영자급 리더에게는 자신만의 색깔과 주관이 어느 정도는 용인된다. 그들의 경영행위나 정치행위는 시대상황, 경제현상 등의 상황논리까지 포함 시키며 화려하게 리더십이란 이름으로 포장된다. 현장에 대한 시시콜콜한 간섭마저도 〈디테일 경영〉이라는 이름으로 대내외에 홍보되기도 한다. 그러나 말단의 리더가 철저히 챙겨서 행한 일들은 서두의 언급처럼 때론 위임이라는 원칙에 의거 평가 절하 되기도 하고, 반대로 과감하게 행한 위임은 그를 게으른 현장책임자로 전락시키는 빌미가 되기도 한다. **한 마디로 리더라는 같은 이름이지만 역할은 매우 큰 차이를 보이는 데도 우린 리더십을 너무 쉽게 일반화하여 어느 자리에나 다 통하는 리더십을 찾는 우를 범했는지도 모른다.** 안쓰러운 현장 리더들을 위해 도움이 되겠다는 것이 이 책이 등장하게 된 세 번째 배경이다.

그래서 모든 원칙, 룰, 습관 등의 교과서적인 내용은 다 접고, 가장 단순하게 리더를 규정지어 보았다. **리더는 조직의 구성원들로 하여금 공동의 목표를 달성하도록 이끄는 사람이다.** 이끄는 방법은 리더 개인의 성향에 따라 차이가 있다. 어떤 리더는 본인의 솔선수범, 희생을 통해서 구성원의 자발적 동참을 이끌 수도 있고, 어떤 이는 강력한 카리스마로 따라오게 만들기도 한다. 구성원을 움직인다는 것은 궁극적으로 〈소통 방식〉의 문제이다. 그래서 무통불신〈無通不信〉이요 무신불립〈無信不立〉이라 하지 않던가? 필자는 이 책 전체를 소통(疏通)으로만 꾸민다.

그리고 그 소통의 중심은 〈채사장〉께서 그의 저서 〈지적 대화를 위한 넓고 얕은 지식〉를 통하여 잘 알려주셨다. **대화하고 소통하기 위해서 필요한 건 언어가 아니라 〈공통분모〉라고 했다.** 필자는 특별히, 이전에 근무하던 회사에서 어려운 현안문제를 극복하고, 가치 있는 회사 만들기에 매진코자 전 직원이 공동으로 노력할 때 활용하던 소통방식을 떠올렸다. 그 시기에 그 조직의 〈공통분모〉를 테마로 리더가 현장에서 직접 강의〈直講〉를 하거나, 리더의 감성적인 〈메시지를 통한 의견 주고받기〉였다.

당시 주고 받은 공통분모들은 회사나 국가를 위한 경영전략, 노사관계, 애국심 등의 문제만은 아니었다. 그렇다고 윤리·도덕과 같이 고상한 가치나 고귀한 인격만을 언급한 것은 더욱 아니었다. 필자는 의견교환의 공통분모를 선정할 때, 저명한 리더십 이론서인 〈거인들의 발자국/ 한 홍 著〉를 많이 참고했다. **〈리더 자신의 스토리를 들려주라. 사람은 사람 이야기를 좋아하며, 어떠한 논리적인 교재보다도 더 효과적인 매뉴얼은 그**

사람의 삶의 이야기〉라는 것이다. 그래서 필자 주변의 삶의 이야기를 입혀서 포함시켜 보니 반응이 매우 좋았다.

　자기과시적인 무용담이나 자기자랑이 아닌, 실수했던 이야기, 당혹스런 상황, 웃음과 함께 편안함을 주는 유치한 유머들은 좋은 〈공통분모〉였다. 즉, 자신의 삶의 경험 자체나, 때론 리더가 전해주고 싶어 안달하 그런 내용들이 가장 훌륭한 〈공통분모〉였던 것이다. 필자는 여기에 크게 고무된 바 있다. 그래서 필자가 근무하던 회사에서 소통리더십에 활용했던 리더의 감성적인 메시지들을 독자들께 공개하기로 했다.
　당시의 필자의 글은 초보 리더의 열정만 드러날 뿐, 아마추어적인 수준으로 꽤나 횡설수설 했을 것이다. 다만, 이야기처럼 동서고금을 오가다가도 비즈니스, 스포츠, 전쟁터, 교실 까지 오가며 재미있게 읽을 수 있도록 준비해 보았다. 메시지를 받아 볼 대상 직원들의 수준, 당시의 정서 등을 고려하여 많은 고민과 여러 번의 교정을 거쳐 발송한 글 들이다. 때론 힘들기도 했지만 글을 읽어보고 보여줄 반응들을 상상하면 피로하기 보다는 오히려 홀로 행복감에 빠져들곤 했다

　아이러니하게도 서가를 장식하는 수 많은 리더십 이론서는 올바른 리더 되기를 도와 주는 것이 아니라 오히려 포기하게 하는 한 이유도 된다. 도대체 언제 저렇게 많은 책들을 다 읽고 언급된 자격들을 갖춰야 하는지, 어느 저자의 말이 맞는지 너무도 당혹스럽다. 그래서 방황하는 예비리더들에게 이 글이 조금이라도 도움이 되길 바란다. 이 글을 보고 계신 당신

은 이미 훌륭한 리더다. 필자의 이 언급이 믿어지지 않는다면, 본 拙著를 그냥 부담 없이 읽어가시면 된다. 필이 꽂히는 대목을 만나면 간혹 머리라도 한 번씩 끄덕이면 된다. 당면한 여러 문제들로 복잡한 독자들의 머리도 식힐 겸, 읽으면서 독자 나름대로 구축하고 계신 리더십에 확신을 가지는 시간이 되기를 기대 하며 이 글을 적어 간다. 그래서 좀더 흥미롭게 읽을 수 있도록 스토리로 엮었다.

결국 바람직한 리더의 역할은 리더와 구성원들에게 공통으로 필요한 이슈〈공통분모〉들을 리더의 생각대로 해결토록 하는 것이다. 리더의 열정 넘치는 현장강의 (直講)도 좋고, SNS를 통한 리더의 감성메시지 형태도 좋다. 다만 분명한 것은 **반드시 리더 자신의 생각이며, 자신의 스토리가 포함되어야 한다는 것이다.** 스텝 직원이나 외부 전문가의 글을 통한 메시지 전달은, 리더가 직접 쓴 투박하고 유치한 글보다도 전달 효과가 훨씬 적다.

지금까지 길고 긴 이야기로 횡설수설 한 것도 이 한 마디를 강조하려 함이다. **리더가 부딪혀서 부족함을 느낀 점, 감동을 받은 점, 심지어 같이 사는 구성원으로서 알아야 할 인륜적 문제까지도 직접 작성하고 직접 이야기 하는 것이다.** 그러나 보여주거나 횟수를 채우기 위한 의무감에서 작성된 메시지는 진부하고 받아 보는 이의 감동이 빠진다. **필요한 건 리더 자신이 전해주고 싶어 안달하는 그런 내용이어야 한다.** 몇 줄씩 적다 보니 꼭 필자의 지나간 일을 자랑하는 것 같다. 그러나 아주 적은 수의 독자라도 이 글을 보시면서 조용한 미소와 함께 고개를 끄덕여 주시기만 한다면, 매우 감사한 일이다. 그런다면 필자가 자기 자랑한다고 놀림 받을지도 모를 부담감은 어느 정도는 극복되리라 생각한다.

이 책은 필자의 어린 시절을 제대로 훈육하신 초등학교 은사 김창석 선생님께 바친다. 필자의 성장과정에서 숨기고 싶었던 사연이 있었다. 지금까지 속으로만 간직했던 선생님께 대한 감사(感謝)한 마음과 당시의 사연을, 이 책을 통하여 다른 많은 분들께 꼭 알리고 싶었다. 그래서 본문 제2부의 첫 장에 그 사연을 소개한다.

또한 필자가 〈가정의 리더〉 역할을 제대로 못했음에도 이해하고 잘 견뎌 준 우리가족 〈귀콩그룹〉 멤버들에게 고마움을 전한다. 집필과정 내내 멀리서도 응원을 해준 사위〈JP군〉과 多 초점렌즈에 지친 필자의 눈을 재활시키는 마력을 가진 외손자 〈윤우〉의 재롱덕분에 이 책은 출간될 수 있었다.

집필과정 내내 지도편달을 아끼지 않으신 송도의 와석선생, 넉넉한 골프 핸디로 필자의 수술한 허리를 배려해 주신 공수로회장님, 잦은 건강식 제공으로 필력을 북돋아 주신 베푸모사장님께 다시 한번 감사드린다.

이 책은 군이 묵은 인연까지 언급하며 출판을 지원해 주신 굿모닝디앤에스의 박지현님과, 도서출판 책과나무 양옥매 실장님의 도움으로 결실을 맺었음을 밝힌다.

* 참고로 등장하는 일부 회사명은 〈OOO〉 또는 〈올회사〉로 표기함을 양해하시기 바랍니다.
* 인용부호는 편집상의 편의를 위해 일부 〈　〉로 대체 하였습니다.

| 제 1부 | 橫說竪說 리더스토리

横說竪說

리더스토리

-제1부-

외면 당하는 "그들만의 리그"

오늘이 마침 20대 국회의원 당선자가 확정된 날이다. 지역구 253석에 비례대표 47석으로 꼭 300명이 곧 4년간의 입법 활동에 들어 갈 것이다. 어려운 관문을 통과한 대표선수들을 축하해 주어야 하지만, 국민들은 벌써 이들이 군림의 자리로 돌아가려 함을 우려한다. 선거진행 과정에서 발생한 위법행위로 당선자중 90여명이 선거법 위반혐의로 조사를 받고 있단다. 아직은 이들의 금배지가 온전한 것이 아닐 수도 있다. 내년에 또 재. 보궐이라는 이름으로 국민들이 우롱당할지 모르겠다.

이번 선거도 예외 없이 저마다 실리를 좇아 이당 저당 옮겨 다니고, 주류 비주류의 갈등으로 온갖 희한한 작태들이 드러났다. 소위 한반도 최고의 지성인들이라는 이들은 선거기간 내내 입만 열면 심판만을 외쳤고, 국민들은 〈그들만의 리그〉에 쓴 웃음만 지었다. 정권심판, 경제심판에 이어 배신심판까지, 그리고 망국적인 지역정당 이야기가 반복되었다. 도대체 역사교육 인성교육을 어떻게 받았길래, 상대방 흠집내기에만 몰두하는가? 결국은 정치권 전체를 공멸시키는 이전투구를 하고 있었다. 위로 받아야 할 국민들이 이들을 보호해야 하는가? 이들에게 무슨 환호와 박수를 보내야 하는가? 잘못돼도 한참을 잘못됐다.

이들은 반만년 한반도 역사를 거꾸로 배웠는지, 그냥 시험지에 옮겨 적기 위한 목적으로만 공부를 했는지, 지식수준은 높되 도대체가 이웃과 힘을 합쳐 함께 잘 되기를 바라는 마음은 어디에도 찾을 수 없다. 선조들의 좋은 전통은 다 잊어 버리고 극심한 폐단으로 나라를 망하게 한 붕당, 파벌 놀이만 어느 한 쪽도 예외 없이 그대로 따르고 있다. 소위 〈親江〉〈親山〉〈非江〉〈非山〉〈眞江〉등으로 갈등의 골이 깊어질 대로 깊어진 후에야 이 놈의 선거는 끝났다. 그들에게 리더의 개념이 없다.

옛날의 동지가 적이 되는 것은 너무도 다반사라 언급할 가치조차 없지만, 自身과 自黨을 위해서는 이전의 스승이자 멘토였던 관계 까지도 극심한 비난과 인신공격을 퍼붓는 대상이 되었다. 스승이었던 자나 멘티였던 자나 국민의 눈에는 다 똑같다. 세상은 돌고 돈다. 오늘의 승자는 4년후에는 다른 적으로부터 다시 심판의 대상이 될 것이다. **힘든 이들을 위로하고 감동을 줘야 할 사람들, 소위 리더를 자칭하는 자들**이 자신들의 승리욕만 추구한다.

때문에 작금에 이르러는 필자는 그냥 TV를 끄고 산다. 아니 솔직히 켜더라도 전세계가 열광해 주는 우리의 K-팝을 보든지, 그래도 우리가 경쟁력을 갖춘 한류 드라마를 보든지 한다. 그것도 아니면 아예 스포츠 채널로만 고정을 시켜도 되겠다. **〈그들만의 리그〉는 세상 일에 피곤한 독자와 국민을 더욱 힘들게 한다.** 차라리 프로 야구와 축구리그가 더 관심이 가고 재미있다. 물론 세계에 자랑할 만한 우리의 골프도 빼놓을 순 없다. 매일 아침 코리안 빅리거인, 3호(대호, 정호, 병호)의 홈런소식과 2수(신수, 현수)의 출루 신기록 소식에 눈과 귀가 번쩍 떠인다. 그들 덕분에 대한 국민 전부가 살맛이 난다.

참된 리더는
권모술수와 붕당을 멀리해야 한다

　나라와 국민을 위해서 정치로 리더가 되겠다는 이들에게 필자가 꼭 알려 주고 싶은 정신이 있다. 바로 향약의 네 가지 강목이다. 머리 나쁜 필자도 다 기억하는데 대한민국 일류의 머리들이 모를 리는 없겠고, 아마도 고리타 분한 정신이라 폄하하며 시험이 끝난 순간 반납을 했나 보다.

　이 책의 독자들은 다 아시겠지만, 아직도 향약의 4대 실천강목을 모르 시는 정치인들을 위해 실천하라는 의미에서 나열해 본다. 禮俗相交 (예속 상교-예의로 서로 사귄다), 患難相恤 (환난상휼-어려운 일은 서로 돕는다), 德業相勸 (덕업상권-좋은 일은 서로 권한다), 過失相規 (과실상규-잘못은 서로 규제한다)이다. 리더가 되려는 자가 꼭 알고 실천해야 할 정신이다. 정치를 하더라도 서 로 지킬 예의와 도리가 필요하며, 국가적으로 어려운 일은 당파, 계파의 구분 없이 힘을 합쳐야 한다. 작금의 실상은 禮는 실종됐고, 나라의 어려 운 상황이라도 自黨과 자신의 승리를 위해 악용하고 있으니 리더다운 모습 이 아닌 것이다.

　모두들 빛 좋은 公約 속에 실질적으로는 空約만 남발했으니 또 한번 국 민은 속은 것이다. 이 분들의 속내는 어떤가, 어떤 형태로든 기회를 먼 저 잡고 나서, 국가와 국민을 위함은 그 뒤에 생각할 일 인 것이다. 그들 이 내건 기치 자체가 국민을 위한 것이 아니라 자신의 붕당이나 바로 자신 을 위한 구호다. 이처럼 정치를 직업으로 하겠다는 생각뿐이니, 당초에 국 가와 국민을 위한 봉사 따윈 코웃음으로 밖에 안 들린다. 그래서 정권심판,

배신심판, 구태청산, 지역소외론 까지 등장시켜 억지 離合集散, 合從連橫을 거듭한 결과가 오늘의 판도에 이른 것이다. 국민을 위한다는 정신보다 국민을 볼모로 이용하는 꼼수만 있다.

선거의 결과가 형편 없으면 책임을 진다는 자, 특정지역의 지지를 얻지 못하면 정계를 은퇴한다는 자들의 거취도 주목된다. 이들의 화려한 언어의 연금술은 다음에 또 어떤 형태로 국민 앞에 등장할 것인지 어떻게 변모가 될 것인지 국민들은 이미 다 안다. 아마도 이들은 마키아벨리의 군주론을 열 번 이상 읽었나 보다. 거기에다가 삼국지까지 열 번 더 읽었던지.
　필자는 이전에 마키아벨리의 군주론을 간접적으로만 알다가 직접 읽기 시작한 날 큰 갈등에 휩싸인 기억이 난다. 필독서 중 거의 1순위에 들어가지만 그 내용은 절대 필자가 실천할 수 있는 일들이 아니었다. 아니 실천해서도 안 되는 거였다. 그냥 재미난 이야기 정도로만 생각할 수 밖에 없었다. 하기야 필자는 태생부터 그 정도의 야심조차 꿈꿀 리더는 아니었으니 마키아벨리가 이야기하는 정략이나 술수를 알 필요도 없었다. 그냥 삼국지를 재미있게 읽은 것과 같은 셈 치면 되었다. 삼국지 든 군주론 이든 여러 번 읽은 사람을 조심하라는 어른들의 이야기는 반드시 기억 할 일이다.

　選良이 되려는 사람마다, 정치하려는 사람마다 모두들 국가를 위한다고 하고, 국민의 편이라고 하는데, 그들의 말이 진정이라면 그렇게 많은 애국애민의 지사 천지인 이 나라가 왜 이렇게 되었나? 자살률은 세계 1위에, 경제력은 뒷걸음질이고, 온갖 범죄는 세계에 유명세를 타고, 외교관계에서도 크게 유리해진 것도 없다. 그러니 이들의 말을 믿을 국민은 없다. 한 마디로 국가의 부강과 국민에게 이익이 되는 입법과 결정을 해야 하는 의무를 가진 분들이지만, 어째 알량한 권력잡기에 너무 무게를 두는 것 같다.

아니라면 상대방도 똑같이 국가와 국민을 위한다는데 누가 한들 무슨 차이가 있나? 다른 사람의 말은 다 거짓이고 자신의 포부만 진실되고 정당한 것인지? 꼭 자신과 자신이 속한 무리 외에는 모두 국민을 힘들게 하고, 인권을 무시하고, 거짓말을 밥 먹듯 하고, 윤리적이지 못하다고 해야만 하는지?

국가의 리더가 되겠다는 분들이 너무 프로라서 필자의 아마추어적 시각은 그들을 따라잡기가 힘들다. 선진국은 어릴 적부터 정치를 가르친다는데 우린 뭘 가르쳐야 하는지, 가르칠게 있는지조차 의문 스럽다. 그냥 군주론과 삼국지만 계속 읽어 권모술수만 공부하면 되는지?

어쩌다가 대한민국이 이 정도까지 왔을까? 심지어 정계가 아니라도 창업을 하든, 사업을 지키든, 기업에서도 일정 직위이상 올라가려면 계파를 찾아야 하고, 술수를 준비해야 하고, 모든 것을 정략적으로 생각해야 하는 상황까지 왔는지? 좀 더 순수한 생각만으로는 세상을 바르게 만들 수는 없는지? 탄식만 하다 결국은 필자 나름의 윤리로 리더의 잣대를 만들어 보고 싶어졌다. 약자를 살 맛나게 해 주는 그런 리더의 모습을 찾아보자.

리더란
약자를 위로할 수 있어야 한다

그래도 이런 분노와 짜증과 답답함을 간혹 조금씩 녹아 낼 방법이 있다. 혜민스님의 책을 한 번씩 열어 보는 것이다. 필자는 크리스천이지만 혜민스님의 글도 즐겨 읽는 편이다. 목사님들이 그렇게 강조하시는 성경 完讀은 아직도 멀지만, 혜민스님의 〈멈추면 비로소 보이는 것들〉은 서너 번은 읽은 듯하다. 물론 바른 길, 인간의 도리, 조물주에 대한 믿음을 따지자면 필자도 당연히 성경부터 완벽하게 읽어야 했다. 그러나 솔직히 고백하면 필자의 신앙의 깊이나 독서능력의 부족 탓으로 성경을 읽어 내기란 쉽지 않았다.

어떤 목사님의 욥기 설교가 생각 난다. 심한 고통을 겪고 있는 욥 에게는 친구들의 충고를 받아 들이기 힘들었듯이, 옳은 말, 진리라고 해도 그 상황에 다 〈좋은 말〉 일수는 **없다는 것이다.** 그런 것 같다. 가장 힘든 시기를 사는 요즘 젊은이 들에게는 자신들의 마음을 인정해주고 자신들이 처한 상황을 위로해 주는 혜민의 글이 더 빨리 와 닿을 것이란 생각이 든다. 즉, 혜민의 글은 상처 입은 영혼들을 쉽게 치유해 주나 보다.

그래서인지 필자의 직원들과의 대화에는 혜민의 글이 자주 인용되었고, 직원들도 거부감 없이 잘 반응해주었다. 최근에 혜민은 또 다른 저작 〈완벽하지 않은 것들에 대한 사랑〉을 출간했고 필자는 지금 이 책에 또 빠져들고 있다. 아무래도 상대방 있는 소통의 관점에서는 진리. 진실도 중요하긴 하지만 공감이 더 필요하다. 혜민의 글이 결코 무게 감이 없다거나, 진실과 거리가 멀다는 이야기가 아님을 독자들은 잘 아실 것이다. 〈채사장〉은 그의 저서 〈지·대·넓·얕〉을 통하여 대화하고 소통하기 위해 필요한 건 언어가 아니라 〈공통분모〉라고 했는데, 혜민의 글이 꼭 그런 것 같다. 3포세대니, 5포세대니 하면서 힘들게 살아가는 젊은 세대들의 소통에 있어서의 〈공통분모〉인 셈이다.

아마도 필자가 이전에 직원들과 정기적인 감성 메시지를 통하여 원활한 소통을 한 것도 이런 느낌 때문일 것이다. 필자는 어떤 일에 대한 느낌을 많은 분과 공유하고 싶을 때나, 또 하고자 하는 일에 구성원들의 동참을 원할 때는 글을 통한 메시지를 자주 활용해 왔다. 바로 그 시간 그 상황에서 필자가 상대하는 많은 이들이 궁금해 하는 사항을 미리 찾아서 알려주는 것이다. 즉, 구성원들의 〈공통분모〉를 찾아서 소통거리로 만드는 일이다. 그러다 보니 그 주기가 일주일은 되었다. 그래서 〈감성리더의 주간 메시지〉는 직원들이 아파하는 공통분모도 들어가고 회사가 필요로 하는 이슈도 공통분모가 되었다.

일상적인
이야기를 통한 구성원과의 소통

훌륭한 리더들의 메시지만큼 필자의 글이 세련되지는 못했다. 그렇지만 메시지를 통하여 구성원의 입을 열게 하는 효과만은 분명했다. 구성원들이 일방적으로 자기 주장만 하던 처음의 태도에서, 필자가 보내준 메시지에 대한 그들의 생각을 이야기하고 질문을 하기 시작했다. 회사가 관리하는 인트라넷에 리더인 필자의 일상생활이 올라 가면 덩달아 직원들의 일상도 올라 온다.

그리고 자신들의 근무 조 내부에서 일어난 사소한 일들이 수시로 언급된다. 필자는 현장에서 그 상황을 직접 보지 않아도 오가는 댓 글을 통한 반응을 보면서 현장에서 일어나고 있는 일들이 머리 속에 대충 그려진다. 현장 방문 시 그 내용을 공통분모로 하여 이야기를 시작하면 정말 대화가 솔솔 풀린다. 물론, 때때로 필자가 직접 쓰거나 인용한 글에 대한 惡플로 괴로워한 적도 없진 않았지만, 대다수의 반응은 긍정적이고 우호적인 내용들이었다.

지나온 몇 페이지 글을 통해서 독자들은 이미 아시겠지만, 필자는 결코 글을 세련되게 쓰거나 잘 쓰지는 못했다. 하지만 한가지 분명한 것은 필자의 생각을 확실히 전달하고자 모든 메시지는 처음부터 끝까지 **필자가 직접 작성했고, 가능한 필자의 삶 속 story를 많이 인용해서** 보는 분들의 감성에 호소했었다. 그리고, 굳이 경영상의 문제만을 다루지는 않았다.

예를 들면, 리더인 필자의 실수談, 한국을 대표하는 팀들이 극적으로 승리를 거둔 후의 벅찬 감동, 어떤 어려움이 있어도 달성해야 할 회사의 목표, 리더의 일상의 모습과 가족 사진, 출근시 가족과의 포옹 모습, 때론 안전 사고를 당한 직원에 대한 병원 방문기까지 감성적으로 접근할 이야기가 많았다. 그것이 바로 무관심한 이들의 참여를 이끌어내게 되었다.

그렇다고 필자가 대면 접촉은 전혀 안 하는 것으로 오해하실 필요까지는 없다. 오히려 대면접촉이 필자의 소통방법 중 가장 강점이요 주력이었다. 그냥 느긋이 들어주고, 때론 긍정과 부정을 섞어가며 반응도 보여주는 필자의 소통방식은 사실 회사의 경영방침을 관철시키는 데도 상당이 기여했다. 오히려, 대면 소통방법과 인트라넷을 통한 [메시지]소통방법을 보완적으로 활용함으로써 소통의 효과가 더욱 컸다. 첫 대면소통을 시작하기 전에 소통 대상에게 보내진 메시지는, 첫 대면시의 부담감을 줄여주는 장점이 되기도 하고, 대면소통 후에 작성하여 보낸 메시지는 대면소통 시 공감한 내용을 재확인하는 데에도 활용되었다.

어떤 계층의 리더이건 직원 또는 대중들과의 소통거리 즉, 대화의 실마리를 잘 찾아야 그 소통활동이 성공할 가능성이 높음을 잘 알 것이다. 필자가 만난 수 많은 사람들 중에는 소통하기가 참으로 어려운 사람이 많았다. 다짜고짜 소통하자고 덤벼서는 성공할 수가 없다. 어떤 메시지를 미리 던지고 그에 대한 반응으로 대화를 시작하든지, 아니면 〈지난 번에 보낸 메시지 내용을 어떻게 생각하느냐〉는 아주 단순한 질문으로부터 소통을 시작하면 의외로 반응이 쉽게 온다.

가정에도 리더의 역할 필요
행복을 창조해 가는 리더

필자는 이런 소통방법을 가정에서도 더욱 자연스럽게 유지했다. SNS상에 우리 가족만의 그룹 방을 별도로 만들어 하루 종일 소통을 지속한다. 이 방법은 많은 가족이 시행하고 있을 것이다. 그러나 우리 가족은 닭살 돋는 유치함을 하나 더 붙였다. 2010년에 〈귀콩그룹〉으로 명명한 우리 가족만의 SNS 공간이 있다. 스토리와 의미가 입혀지면 유치함도 소멸 하리라. 콩으로 이름 붙인 데는 콩이 단단하고 둥글어 자체적으로는 단합이 잘

되는 가족을 상징하고, 사람들에게는 단백질을 제공하므로 利他的인 가족이 되자는 의미가 있다. 그리고 아내에게는, 필자와 결혼 하기 전 친정에서 아주 귀하게 자랐음을 인정하여 〈귀콩〉이라 이름 붙였고, 첫째인 딸아이는 시집가서도 지혜롭게 살라고 〈지콩〉이라고 불렀다. 그리고 막내인 아들은 어릴 적부터 돌처럼 단단하기에 〈돌콩〉으로 불렀다. 필자는 가장으로서 이들을 지켜주는 든든한 울타리라는 의미로 〈울콩〉이라고 이름을 지었는데, 구성원들은 특별히 가장을 인정하여 필자를 〈대장울콩〉이라 불렀다. 그렇다고 〈대장울콩〉에게 특별한 권위를 부여한 것이 아니고 든든한 울타리에 대한 감사의 뜻이란다.

작년에 〈귀콩그룹〉에 하나님의 선물인 외손자가 태어났다. 〈에콩〉이라 이름 지었다. 요 녀석이 제 외할미의 〈까꿍!〉 소리를 따라 한다고 〈에쿵~, 에쿵~〉 하는 모습이 하도 귀여워 멤버名을 〈에콩〉으로 지었다.

이처럼 필자의 가정은 유치함 때문에 더 사랑을 하게 되고 더욱 행복을 느낀다. 어느 집이나 다 하는 그런 형태의 소통이라면 여기에 소개할 이유가 없다. SNS소통은 시도 때도 없이, 좋은 생각, 재미있는 이야기, 가족에 대한 건의 등으로 소통하지만, 〈육성통화 1일 1회〉 이상은 이 〈귀콩그룹〉의 첫 번째 원칙이다.

이 그룹 방을 통하여 아이들이 집을 떠나 있는 때에도 곁에 있는 것처럼 느껴졌고, 필자가 출장으로 집을 떠나 있어도 전혀 문제가 되지 않았다. 다른 부모들은 아이들이 돈이 필요할 때만 전화한다고 불만이 많지만 필자에게는 먼 나라의 이야기로만 들렸다. 특히, 스포츠를 좋아하는 우리 가족 모두는 좋아하는 팀의 경기가 있는 날엔 각자가 감독, 스포츠 평론가가 되어 응원과 비판의 메시지를 날리느라 정신이 없다.

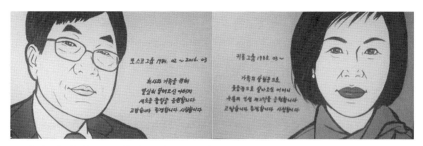

　이런 이야기를 주변에 늘어 놓으면 듣는 이들이 매우 놀란다. 리더였던 필자가 그렇게 유치할 만큼 인간적임을 알게 되기에. 덕분에 더욱 친근해지고 소통이 더욱 쉬워지는 느낌이었다. 위의 그림은 필자가 32년의 회사 생활을 마감하는 때에 아이들이 기념으로 그려 준 선물이었다. 가정의 행복전도사로서 웃음꾼인 아내의 평소 모습이 잘 표현되었다.

　이처럼 가정에서도 유치하지만 스토리를 입히고 의미를 부여하는 소통이 필요하다.

공통분모를
찾을 수 있는 리더가 필요하다

　고백하건 데, 필자는 한잔의 술도 하지 못하는 상황에서 노무, 안전, 인사, 총무분야 관리자를 역임했다. 그러나 하루, 이틀의 밤샘 토론은 물론이고, 이 삼 일씩 걸리는 설득의 자리도 결코 빠진 적이 없다. 조직의 이슈는 절체절명의 〈공통분모〉이었기에 당연했다. 또한 필자는 누구를 만나든 첫 대면의 자리에서는 어김없이 돌아오는 첫 술잔만은 망설임 없이 받는다. 당연히 한 잔에 나가 떨어진다. 그러면 다음 자리에선 상대방이 먼저 알고 술잔을 감춘다. 〈술, 그것 없어도 우리는 대화가 된다〉고 상대가 스스로 말한다.

이런 필자를 알아 본 건지, 2000년 이후 필자는 그룹내의 소통이 필요한 부서와 회사들에만 투입되었고, 결과적으로 그 부서 및 회사들에서 소통에 성공을 거두었다고 생각한다. 역시 주변의 평도 인정을 해 주고 있다. 계열사 중 상당히 열악한 복지수준으로 알려졌던 PSW사는 서비스 업종으로서, 소통 없이는 그 업을 유지하기가 어려울 정도였다. 직원들의 마음을 움직여, 잊혀져 가던 서비스의식을 불러 일으키는 역할이 필요했다. 한 마디로 재미있고 신나는 직장이 되어야 했다. 소통이 시작되고 직원들의 웃음소리가 넘쳐 날 즈음 필자는 〈울회사〉의 대표이사로 취임한다.

나중에 필자가 [O人O] 이라는 애칭을 붙일 정도로, 인간을 우선하는 훌륭한 직원들이 근무하는 회사였다. 그러나 취임 당시에는 경영층과 직원 간의 소통이 우선적으로 필요한 회사였다. 그리고 1 년여 동안 직원들과 사장이 한 마음으로 노력한 결과 직원들 스스로 감사와 행복을 외치며 소통하는 회사로 돌아왔다. 직원 대표들은 숨겨두었던 빨간 머리띠를 필자에게 반납하며, 필자와 서로를 부둥켜 안고 감격스러워 했다. 취임 후 정확히 1년 10개 월 만의 일이었다.

아쉬워하는 그들을 뒤로 하고 그룹 내 다른 계열사의 상임감사로 부임한다. 이 회사에서는 상임감사(常任監事)란 직위가 무색하게 매일 행복(幸福)과 감사(感謝)만 외친다고 농담을 들을 정도로 소통위주의 개선감사 활동을 했었다. 그 덕분에 꽤 많은 팔로워가 생기기도 했다. 〈솔루션 감사〉란 신조어를 만들면서까지 현업의 어려움을 찾아서 해결하는 감사역할을 수행했다. 아마도 필자의 초등학생 시절 [〈시험지 유출사건〉〈수업시간 오줌사건〉-본문2부. 56p]에 물세례로 필자를 사면해 준 은사님의 가르침을 생각했기 때문이리라.

권력 지도를
모르는 순수한 리더가 필요하다

나폴레온 힐은 〈오늘 나의 불행은 언젠가 잘못 살아온 지난 날의 결과〉라고 했다. 자신의 피나는 노력의 결과로 일등 · 일류로 자리매김한 그룹과, 어떤 연유든 노력의 부족으로 이류 · 삼등의 위치에서 만족해야 하는 그룹과의 차이를 얘기한 것으로 필자는 이해한다. 일류가 된 자가 쏟아부은 그 피나는 노력이라는 것은 업무에 대한 열정과 조직 및 구성원에 대한 사랑만으로는 어림없다. **권력지도를 읽어내고 학연 지연 등으로 합종연횡하는 활동이 필수적으로 포함된다.**

필자는 권력지도 자체를 몰랐던 지난 날의 삶의 방식 때문에 지금의 모습으로 살고 있음에 100% 동의한다. 하지만 결코 지금이 불행한 것도 아니고, 까짓 권력지도를 모른 것이 잘못 살아온 지난 날도 아니라고 확신한다. 주변을 돌아보면 필자의 이 말에 동의하는 사람들이 꽤나 많다. 물론 독자 들 중에도 많을 것이라 확신한다. 성공한 일류가 보면 형편없는 자의 변명으로 치부될지 모르는 이런 생각들이 존중 받기를 원하는 사람들이 더욱 많다. 굳이 일등 되기를 바라지도 않는, 정확히 이야기해서 **계**

파와 권력의 힘을 빌어서 일등이 되는 것만은 포기한 순수한 리더들이다. 이들이라도 순수한 리더로 남아 있어야 대한민국은 암흑을 면할 것이다.

필자는 기업의 중간관리자들을 바른 리더로 키워야 할 책임을 지던 위치에 있던 자다. 이들 중간관리자들을 학창시절의 순수한 생각과 열정, 입사초기 꿈꾸던 경영인의 모습으로 발전 가능한 〈윤리적 리더〉로 만들고 싶었다. 당연히 복잡한 셈법으로 정략적이고 친 권력적인 모습을 멀리 하도록 가르치고 싶었다. 〈그들만의 리그〉 속에서 이전투구중인 〈그들만의 리더〉와는 구분하고 싶었다.

리더는
아름다운 이등 · 이류도 존중한다

이런 필자가 너무나 아마추어 같은가? 대답은 〈그렇다〉이다. 필자에게 올해의 상징적 숫자는 58이다. 58년생 개 띠가 58세가 되는 해인데 어떤 이들은 이 개 띠들이 올해 수난을 당했다고 보고 있다. 불운의 상징처럼 머피법칙의 당사자처럼 대한민국 모든 제도의 변환기에 시험대상이 되고, 또 머리 수는 얼마나 많은지 서로간에 동지인 듯 경쟁자로 살아온 나날들이었다. 그러다 올해 상당수가 은퇴의 길에 다다르니 그런 생각을 할 만도 하다. 몇 해 전부터 주변의 자연 은퇴연령이 순차적으로 55,56 등의 숫자가 그려지더니만 올해엔 난데없이 58로 건너 뛰었다. 필자 역시 위대한 머피법칙의 대상이 되긴 했다.

그러나 그건 58세인 필자에게 축복이었다. 지금 공기 좋은 광양의 가야산 아래에서 내 방 한 칸을 서재랍시고 독차지하고 앉아서 이 글을 준비중인 여유마저 생긴 것이다. 편하다. 정말로 마음이 여유롭다. 또한 처음부터 일등을 포기하고서도 이만한 위치까지 살아 온 것도 순수성이 나름의 빛을 발하기도 했음이라. **그러니까 필자의 관점에서 삶의 여유는 드디어 일등의 반열에 올라섰다.** 주어진 것에 감사하며 행복을 외치면서 살아온 덕분에 뒤가 꿀릴 것이 없고, 그렇다고 누구를 찾아 다니며 먹고 살게 해달라고 애걸복걸한 필요도 없으니….

　필자의 주변에서도 나이의 바람이 불기 시작한 삼 년 전부터 필자는 매년 다이어리 첫 장에 **다짐문**을 작성해 왔었다. 〈**내년이면 난 이 회사를 떠난다. 후회 없는 한 해를 살아보자**〉 물론 필자도 인간이라, 이 다짐과는 반대되는 현실이 펼쳐지길 바라는 마음도 많았다. 어쨌거나 이 다짐문 작성이 2016년 2월의 필자에게 당혹감을 많이 줄이기도 했다. 이런 이야기도 후배 관리자들에게 좀 들려주고 싶다.

　필자의 이등論은 남을 이기기 위한 리더십은 아니다. 소박하게 도리 윤리를 지켜 가는 리더십이다. 일등을 하려면 好不好를 따지지 않고 어떤 이와도 손 잡을 줄 알아야 하고, 어떤 자리에도 빠지지 않아야 한다. 그러나 일등을 포기하면 가서는 안될 자리, 만나서는 안될 인물은 안 만나도 된다. 아니 그럴 경우 가서도 안되고 만나서도 안 된다. 그리고 해서도 안되는 일을 정해야 하고 반드시 하지 말아야 한다. **이 원칙은 처음엔 쉬운 것 같지만 매우 어렵다. 그래서 아름다운 이등인 것이다.**

　반대로 일등이 되려는 자는 어려운 삶을 살아야 한다. 온갖 고초와 수

모를 감내하며 살아야 한다. 한신이 동네 불량배의 가랑이 밑을 기었던 것처럼, 이하응(흥선대원군)이 몰락한 종친으로 살던 시절 정승집 개로 불림을 알면서도 일부러 이 집 저 집 기웃거린 것처럼 말이다. 보기에는 매우 어려운 삶이다. 그러나 무조건 일등으로 살아 남겠다는 목표의식만 뚜렷하다면 해 볼 수 있는 일이다.

필자가 2부에서 쓰고 싶은 리더의 이야기는 거창하지 않다. 리더는 보다 윤리적이어야 한다는 기존의 생각에 바탕을 둔 리더십이라는 표현으로 이야기를 시작하고자 한다. 어떤 특별한 이론을 내세우거나, 아니면 스스로 특별한 프레임을 만들고 싶지는 않다. 그러니까 저명한 학자의 이론서에 등장하는 〈7 habits〉등 과는 거리가 멀다. 필자의 이야기를 꼭 따르라는 이야기도 아니고 **그냥 이런 형태의 실제 사례가 있으니 느껴보고 판단하라는 것이다.** 우리들이 사회생활을 하면서, 소속한 그룹이 어디든지 불문하고, 그 그룹의 목표에 도달하기 위해 구성원을 바른 길로 이끌어 가는 사람들의 본받을 이야기중의 하나이다. 그러니 숨길 것도 없고 실패담, 실수담과 함께 유치한 일상의 이야기도 등장한다.

지금은 SNS시대
리더가 활용할 무기

이십여 년 전에 자주 듣던 기업의 아날로그 유머가 있다. 〈**어떤 리더를 좋아 하는가?**〉라는 질문에, 많은 사람들이 외부 업무나 교육, 휴가를 이유로 자주 자리를 비워주는 상사라고 답했다. 〈**나 교육**(휴가)**간다. 책임지**

고 알아서 들 해…〉가 정답이다. 회의 시간을 통하여 소중한 정보를 들려주며, 업무지시도 명확히 해주는 상사, 그리고는 중간과정은 재량껏 해결하도록 위임하는 상사, 지금도 이런 리더를 그리는 분들이 많을 것이다.

그런데 다시는 이런 낭만적인 리더상을 그리기는 어렵다. 리더가 독점했던 정보에 대한 생산, 접근, 전파 권한이 모두에게 골고루 배분되었다. 아니, 오히려 젊은 부하들에게로 실질권력이 이동되었다. 그래서 리더가 알려주는 정보는 이젠 그 정확도나 신선도 때문에 구성원들에게 질타성 질문을 받을 수도 있고, 때론 리더의 행동이나 생각 자체도 도마에 오를 수 있다. 바로 SNS의 위력이다. 사회의 특권층, 특정부처, 그리고 자기 조직의 상사로부터 전달받던 정보에 고마움을 느끼던 팔로워들이 이제는 자신들이 정보 생산자겸 전파자의 위치를 차지한 것이다. 때론 리더가 젊은 부하들의 정보를 구걸(?)하는 일도 생긴다.

결국 오늘 날의 리더들은 구성원들을 리드해 나갈 강력한 무기 하나를 잃은 셈이다. 그렇다면 리더에게 남은 무기는 무엇일까? 필자는 리더 들에게 아직도 두 가지의 큰 무기가 남았음을 팁으로 알려 주고 싶다. 물론, 앞 장에서도 이야기했지만 필자가 이야기하는 리더는 굳이 자기 조직의 일등 계급을 꿈꾸는 리더가 아님을 알 것이다. 자기 자리에서 해야 할 일을 지켜나가고 조직의 틀을 유지해 나가는 룰을 유지할 수 있는 리더를 이야기한다.

그 하나는 SNS가 위력을 발휘하는 만큼, 리더가 보여 줄 진면목을 잘 가꾸어서 그 모습이 SNS를 통하여 많은 이들로부터 인정받는 방법이다.

다시 말하면 윤리적 가치의 설정과 함께 윤리적 생활을 보이는 것이다. 〈윤리〉는 리더의 가장 강력한 무기가 될 수 있다.

둘째는 SNS때문에 무기를 잃어버렸다고 회피하려고만 하지 말고 더욱 적극적으로 SNS를 활용하라는 것이다. 즉, 위대한 소통TOOL인 SNS를 리더의 주장과 생각을 전파하는 도구로 적극 활용하는 것이다.

리더란
구성원을 일 잘하게 하는 사람이다

이제 독자들도 궁금할 것이다. 이 책을 시작하며 아직도 리더에 대한 그럴싸한 정의조차 내려지지 않고 횡설수설 하고 있으니까. 그래서 당초 제목을 〈횡설수설 리더론〉으로 정할까도 생각하긴 했지만. 이 장에서는 필자는 리더라는 일반 개념으로 이야기 하지 않고, 기업 조직 내에서 책임감을 가지고 회사를 지켜가는 수준으로 리더의 정의를 내리고자 한다. 필자는 누차 이야기 하지만 절대적인 이론이나 틀을 말하기 보다는 바람직한 자세를 나열해 보려는 것이다.

첫째로 **리더란 부하직원으로 하여금 열정적으로 일하게 하는 사람이다.** 직원의 열정을 불러 내리려면 당연히 그들이 신명 나게 해야 한다. 소통도 필요하고, 배려도 필요하고, 때론 과감한 위임도 이 범주에 들 것이다.

둘째로 리더는 직원들이 열정적으로 일하되 **방침, 전략에 맞춰 일하게 하는 사람이다.** 다시 말해 얼라인먼트를 잘 해야 한다. 잘못된 열정은 큰

화를 불러 일으킴을 명심해야 한다. 리더는 사전에 수시로 점검하고 조율하는 세밀함을 요한다.

셋째로 **리더는 직원이 올바른 일을 하게 하는 사람**이다. 열정과 방침이 수단을 정당화 시킬 수는 없다. 당장에 일을 잘하고 큰 성과를 낸 직원이지만 불공정한 형태로 비윤리적인 이미지를 남기는 일은 없도록 해야 한다. 즉 해서는 안 되는 방법을 사용치 못하게 해야 한다.

넷째로 **리더는 직원의 공으로 돌리는 사람**이다. 올바른 방향으로 적합한 방법으로 리더가 지시를 해서 성과를 내었지만, 직접 수행한 직원의 공으로 돌릴 줄 아는 사람이 진정한 리더이다.

다섯째로 **조직의 시너지를 저해하는 상황을 해소시킬 줄 아는 사람**이다. 다들 잘 하려고 하는 데 발목을 잡는 일이 발생하거나 태클을 걸어대는 구성원이 있다면 리더가 책임지고 해결해 주어야 한다.

리더는
자신(가족)에게 더욱 엄격한 사람이다
(持己秋霜 / 先公後私)

백제의 오천 결사대를 이끌고 황산벌로 진군하기 전, 계백은 집에 들러 식솔들과의 영원한 이별을 한다. 본인이 직접 사랑하는 식솔들의 목숨을 거두는 슬프고도 장엄한 의식이었다. 아마도 고관이나 장군의 가족을 보호하기 위해 군사를 별도로 나누면 본대의 세력이 약해질 것이 우려되기도 하거니와, 또 어느 누구도 감히 가족 걱정을 하는 이가 없게끔 자신의 가족을 먼저 희생시킨다. 참으로 독하디 독한 리더이다.

신라의 김유신도 선덕여왕의 명을 받고 전장에 나갈 때에 자신의 집 앞을 지나가지만 모른척했다. 다만 병사를 시켜 집안의 우물물을 퍼 오게 하여 맛보고는 〈 우리 집의 물 맛은 여전하구나 〉라는 한 마디만을 남기고 떠났다 한다. 또한 後唐 과의 전투에서 신라군이 대패하여 많은 장병들이 목숨을 잃었음에도 아들 원술이 살아 돌아온 것을 도저히 용서할 수 없었다. 화랑으로서의 명예를 지키지 못하고 도망친 자신의 아들을 참수하라고 문무왕께 진심으로 건의를 하였으나, 문무왕은 원술이 당시 최하급인 비장으로 패전의 책임이 없음을 들어 참수를 면하게 했던 기록이 있다.

단순한 예이지만 한 마디로 이전의 리더들은 나라와 민족을 위해서는 가족들을 제일 먼저 버릴 줄 안다. 그래서 필자가 늘 외치는 말이 待人春風 持己秋霜(대인춘풍 지기추상)이다. 남을 대할 때는 봄바람처럼 부드럽게 하고, 자신에게는 가을날의 서릿발처럼 엄하게 하라는 말이다. 참다운 리더가 반드시 지켜야 할 덕목이리라.

그러나 최근 우리의 현실은 어떤가? 사회를 이끌고 가는 리더가 있는가? 청문회를 통하여 드러난 〈금수저〉들의 이야기에 국민들은 울분을 터트린다. 고위공직자 후보들이 자녀의 좋은 학군을 위한 위장전입, 부동산 투기, 군 면제를 위한 국적 포기, 군부대 좋은 보직을 위한 부탁이야기가 나온다. 그리고 로스쿨과 관련하여 입학부터 자격시험 후보 문제까지 온갖 의혹과 의문이 꼬리를 문다. 최근에 터져 나온 공천헌금 의혹, 국회의원 가족의 보좌진 채용 문제는 금수저들이 나라를 말아먹을 기세이다. 〈노블리스 오블리제〉는 우리에겐 너무도 먼 이야기이다. 결국 리더다운 리더는 한국에서 찾을 수가 없다. 리더에게는 先公後私의 덕목이 요구되는데, 이처럼 자기 것을 먼저 챙긴 자들에게 어떻게 국민을 이끄는 리더 자리를 맡길 수 있나? 지켜야 할 자들이 오히려 잘못을 저지르는 데, 어떤 국민이 그들을 리더로 인정할 수 있겠나.

국민들은 분노한다. 누가 맡아도 마찬가지라는 생각에 유권자의 대부분은 투표를 포기하는 것이 현실이다. 20대 국회의원 선거 투표율이 58%라고 한다. 그래도 누군가는 총선기준 18년 만에 가장 높은 수치 란다. 혼자 비웃어 본다. 만약 누군가가 사전투표제라는 기발한 생각을 하지 못했다면 아마 50%에 도달치 못했을 것이다. 이제 와서 누굴 찍었는지 기억도 가물가물하지만 찍은 것 조차 부끄러울 때가 많다.

〈혁신 리더의 3品〉에서
진정한 리더를 알게 되다

서두에는 너무 실망을 주는 이야기만 했나 보다. **비생산적인 정치집단의 모습과는 달리 우리의 산업현장을 이끌어가는 진정한 리더가 많다**. 정치가나 고위공직자들이 헐뜯고 자기 이익 챙기느라 바쁘시지만 산업현장의 진솔한 현상을 보고 뉘우쳐야 한다. 우리의 산업현장에는 리더의 3品을 갖춘 분들이 많다. (민재기님의 3품론에 필자 나름의 해석)

많은 리더들은 현장 구석구석을 발로 뛰며 **같은 직원들을 하루에도 두 세 번씩 만나기도 한다. 물론 리더 자신의 가족은 1년에 한번 볼까 말까 하지만**, 발로 뛰다 보면 작업현장에서의 직원들의 애로사항을 쉽게 파악할 수 있다. 당연히 안전미비사항, 생산품질의 실태 그리고 무질서한 상황 등도 덤으로 발견하게 된다. 이들은 현장에 정답이 있다고 굳게 믿는 분들이다. 이것이 바로 경영자의 기본 품격이다. 이를 〈 리더의 발品 〉이 라 부른다.

그리고 현장을 돌면서 어렵고 힘든 일을 발견하면, 그 자리에서 소매를 걷고 현장 직원들을 직접 도우며 함께 일한다. 필자가 좋아하는 말 중에 **기소불욕 물시어인**(己所不欲 勿施於人)이 있다. 자신이 하기 싫은 일은 남에게도 시키지 마라는 교훈이다.

반대로 직원들이 어려워하는 일을 리더가 앞장서서 직접 실행한다면 진정한 리더이다. 마치 〈오기〉장군이 말을 타지 않고 병사들처럼 걸어서 움직이며, 또 병사들이 끄는 수레까지 같이 밀어주고, 급기야는 등창으로 고생하는 부하의 종기 속 고름을 입으로 빨아 치료해 주는 것 같은 모습이다. 즉 리더가 앞장 서서 솔선수범하는 것이다. 이를 〈 리더의 손品 〉이 라 부른다.

리더는 현장에서 만나는 직원 모두에게 감사와 칭찬을 빼먹지 않는다. 입으로 하는 칭찬의 힘은 정말 대단하다. 특히 경영층이 직접 직원을 칭찬하면 그 효과는 정말 크다. 이를 〈 리더의 입品 〉이라 한다. 직원이 리더의 입품에 감동을 받으면 정말로 죽도록 일한다.

리더는
조직의 未來를 대비하는 자다

현재는 실적이 좋아 보이지만 위태 위태한 모습을 보이는 조직이 있다. 〈지금 키우고 있는 젖소 한 마리로 먹고 살만하다고 평생을 젖소 한 마리에만 매달릴 수는 없다〉. 리더는 반드시 미래 먹거리, 새로운 트랜드에 정통해야 한다. 우물 안 개구리 식으로 집안에만 머물러서도 안 된다. 과감히 내부 업무를 위임하고 닥쳐올 기회를 활용할 준비와 함께, 위기에도 대비해야 한다. 지속가능경영을 위한 전략 수립 및 실행준비가 리더의 큰 역할이다.

또한 리더는 조직의 필요한 미래정책과 관행적 업무처리의 혁신을 최우선적으로 실행해야 한다. 바로 **이때 리더가 간과해서는 안될 것이 있다.** 拔苗助長(발묘조장)이라는 고사성어가 있다. 〈**어린 묘를 빨리 자라게 하려고 묘를 뽑아 늘리지만 결국 그 묘는 죽게 된다**〉는 교훈을 잘 알 것이다. 따라서 꼭 필요한 정책이고 혁신이라면 시간이 좀 걸리더라도 사전준비와 방향성 확보가 필요함을 알아야 한다. 아래 사항은 반드시 명심해야 한다. ❶ **속도보다 방향에 중점을 둬라** ❷ **전격도입에 앞서 학습하라** ❸ **우군을 확보하라** 이다.

성경의 [잠언]에도 이를 경계하는 좋은 말씀이 있다. 〈**부지런한 자의 경영은 풍부함에 이를 것이나, 조급한 자는 궁핍함에 이를 것이다**〉 즉, 조급한 자는 방향보다는 속도를 탐낼 것이요, 사전 준비도 없이 전격 도입

하려 할 것이다. 특히 문제가 되는 것은 새로운 정책, 제도는 기존 세력의 반대가 극심할 것인데 사전에 우군을 확보하지 않고 전격 도입함은 반드시 궁핍함에 이를 것이다.

본 著의 다른 장에도 소개되었지만, 세종대왕이 애민의 열정으로 이룬 수 많은 업적들도 수구세력의 살벌한 반대에 부딪쳤다. 대왕은 특유의 토론과 설득으로 우군을 늘려간 것 이기에 도입에 성공하셨음을 알아야 한다.

리더에게는
인재를 육성할 책임이 있다

책임자에겐 기존의 일에 능숙한 직원들이 포진하여 오래도록 도와 준다면 마음이 여유롭고 자신감이 넘친다. 그러나 직원들이 언제나 한자리에 머물며 하던 일만 계속 할 수는 없다. 나이가 들면 기존사원은 새로운 직무에도 적응할 줄 알아야 하고, 기존의 일은 새로운 후배사원에게 맡겨서 새로운 시각으로 업무를 개선토록 해야 한다. 그렇지 않다면 직원 개인도 불행할 뿐만 아니라 조직 자체에도 엄청난 마이너스가 된다.

이를 알면서도 리더 자신의 근무기간 동안 계속 붙들고 놓아주지 않는 철면피한 리더가 사실은 많다. 특히, 당연히 받아야 할 필수교육마저도 이 핑계 저 핑계를 대면서 이수하지 못하게 만든다. 조직에서 없어져야 할 리더다. 진정한 리더는 직원 한 두 명이 자리를 바꾼다고 해서 업무가 단절되게 만들지 않는다. 필자에게도 팀장으로 재직 중 회사에서 부여해 준 자기개발의 기회(글로벌 MBA과정)를 상사의 승인을 얻지 못해 놓쳐버린 아쉬운 기억이 있다.

또한 리더 자신이 자리를 떠나는 시점에도 업무가 단절됨이 없도록 항상 업무인계인수가 되도록 준비해야 한다. 후속 인물로 누가 오든지 차질 없는 업무 수행을 위해서는 제대로 된 프로세스를 구축해 놓아야 하는 것이다. 사람이 바뀌었다고 두서 없는 조직으로 보이는 것은 리더가 잘 못한 것이다. 사전에 인재를 육성하지 않는 리더는 자신만 편하게 살려는 이기주의 자요, **조직에 죄를 짓는 사람이다**. 인재육성은 아무리 강조해도 지나치지 않는다.

리더는
보스가 아니다

리더의 위치가 되면 처음에는 주변의 말을 경청하며 최대한 몸을 낮추게 된다. 그러다가 팔로워들의 인정을 조금씩 받게 되면, 너무 큰 자신감에 그 인정이 영원 할 것으로 착각하게 된다. 그러다가 자신도 모르게 리더로서 보여서는 안 되는 모습까지 보이게 된다. 초기에 많은 신망을 받은 리더일수록 이런 착각과 잘못된 행동은 심해진다.

많이들 아는 이야기 이지만 실천이 더 중요한 리더의 모습들을 소개한다. 직원들이 리더 자신을 신뢰해 준다고 생각이 들 때, 서서히 보스의 모습으로 변하는 리더가 많다. 그러나 본인은 잘 모른다. 초심을 잃었는지, 보스로 변했는지 여부는 인터넷상에서의 좋은 체크포인트를 발견했기에 인용해 본다. 오래도록 리더로서 남고자 하는 사람은 꼭 활용해 보라.

첫째. 리더는 밑에서 솔선수범 하지만, 보스는 위에서 명령한다.
둘째. 리더는 희망을 주지만, 보스는 겁을 준다.
셋째. 리더는 앞에서 이끌지만, 보스는 사람을 뒤에서 몰고 다닌다
넷째. 리더는 의견을 달리한 사람을 가까이 하지만, 보스는 미워한다.
다섯째. 리더는 지지자를 만들지만, 보스는 부하를 만든다.
여섯째. 리더는 권위를 쌓지만, 보스는 권력을 쌓는다.

리더는
상대를 인정하고 섬기는 자이다

공자께서는 **삼인행 필유아사**(三人行 必有我師)라고 하시면서 누구 에게든지 항상 배울 점이 있다고 말씀하셨다. 하물며 리더가 되려는 자들은 더욱 배움의 자세를 가져야 한다. 요즘은 훌륭한 자질을 갖춘 후배사원이 워낙 많으니 더욱 명심해야 할 사항이다. 또 하나 빠트려선 안 되는 것이 〈오늘 나를 힘들게 한 사람도 나의 스승이고 나를 기쁘게 한 사람도 나의 스승〉이라는 말씀이다. 자신을 힘들게 한 사람의 언행도 경계해야 할 것 이므로 스승으로 삼을 수 있다는 의미이다.

맹자께서도 다른 사람을 섬기는 군자의 자세를 말씀하셨는데 진정한 리더가 되려는 자는 반드시 새겨야 할 주옥 같은 말씀이다. 특히, 진정한 리더가 되기 위해 자신을 희생해 가며 열정을 쏟고 있지만 상대방의 반응이

별로이거나, 흔한 말로 다면평가가 별로 안 좋다면 다음의 글귀를 가지고 자신을 돌아 보시기 바란다.

특히, 자신이 가장 예의가 밝은 리더라는 착각, 자신이 가장 직원들을 사랑한다는 착각, 자신이 가장 직원들을 관리 잘 한다는 착각을 하는 분들은 반드시 다음 글을 가슴에 새겨야 한다. (출처: 맹자 / 이루)

| 예인부답반기경 (禮人不答反其敬) |
  예를 갖추어 다른 사람을 대했다고 하나 그 답이 없다면
  자신이 진정으로 공경한 마음을 가졌던가를 돌아보라

| 애인불친반기인 (愛人不親反其仁) |
  다른 사람을 사랑한다고 했지만 친함이 생기지 않고 어려움이
  남았다면 진정 어진 마음을 쏟았는지를 돌아보라

| 치인불치반기지 (治人不治反其智) |
  다른 사람을 다스리려 해도 관리되지 않으면 그 다스림이 얼마나
  지혜롭게 되었는지 돌아보라.

리더는
사람을 거울삼아 부족함을 밝혀야 한다

리더의 잘못을 지적해주는 사람을 곁에 두고 그 지적을 수용하는 사람이면 최고의 리더가 되지 않을까 생각합니다. 당 태종 이세민의 이야기가 매우 교훈적입니다. "세 개의 거울" 이야기입니다.
- 이제 〈위징〉이 죽으니 나는 한 개의 거울을 잃었구나

당 태종 이세민은 두 번째 아들로 애초에 태자의 신분이 아니었다. 당시 태자의 편에 섰던 〈위징〉은 둘째인 이세민의 인물 됨을 미리 감지하였고, 이세민이 황위를 위협할 인물이므로 미리 제거할 것을 태자에게 간하였다. 태자는 대수롭지 않게 생각하고 넘겼는데 결국 이세민이 태자를 죽이고 황제로 등극하게 되었다.

그러나 영웅은 인재를 알아보는 법. 태종 이세민은 자기를 해하려 했던 〈위징〉을 〈간의대부〉란 벼슬에 봉하고 간언을 하게 한다. 〈당태종〉의 〈정관의 치〉를 이룩한 최고의 공헌자가 바로 〈위징〉이다. 이런 〈위징〉이 죽으니, 당태종은 나는 소중한 거울 한 개를 잃었다며 애통해 한다.

무릇 현명한 자는 세 개의 거울을 가져야 한다.
첫째, 구리로 거울을 삼아 의관을 바르게 하여야 하고
둘째, 옛 것(역사)을 거울로 삼아 미래를 예측해야 하고
셋째, 사람을 거울삼아 나의 부족함을 밝혀야 합니다.

리더는
눈 앞의 작은 재주에 현혹되어선 안 된다

| 비인부전(非人不傳) 부재승덕(不才勝德) |

필자는 32년의 회사생활 중 거의 전부를 생산 조직에서 총무, 인사, 노무 업무를 담당 했었다. 여러 명의 상사를 모시고 현장에 꼭 필요한 리더를 발굴하는 업무를 수행했으면서도 아직까지도 확신을 갖지 못한 것이 있다. 기업의 지속 가능경영을 위해서는 훌륭한 리더가 필요하고, 또 리더다운 후계를 양성해 놓아야 한다는 총론에는 어느 누구도 토를 달지 못한다.

그러나 막상 어떤 이를 리더로 임명하여 역할을 맡길 즈음에는 언제나 그런 총론이 딱 맞아 떨어진 것은 아니었다. 때론 그럴 만한 인물을 못 찾은 때문 이기도 하지만, 어떤 때에는 인사권을 가진 이의 잘못된 판단이 문제된 적도 있었다. 인사 부서의 건의를 무시하고 고집을 부린 상사도 많았는데, 이 경우는 인사발령 후 거의 몇 달 내에 문제가 발생하곤 했었다.

사실 어떤 사람이 진정한 리더인지, 무엇이 제대로 된 리더십 인지를 판단함에 있어 어느 누구도 100% 확신을 가질 수는 없었다. 여러 기준과 인사원칙에 맞춰 그 자리에 가장 잘 어울리는 리더십을 갖춘 자를 찾는다곤 했지만, 그 결과는 성공과 실패가 절반씩은 될 것 같다. 그런데 이처럼 제대로 된 리더 찾기에 대한 목마름은 필자만의 문제가 아니고 그런 역할을 수행한 사람이라면 누구나 느꼈던 현실일 것이다. 이것이 바로 오늘도 서점가를 리더십 서적으로 넘쳐나게 한 배경이라 생각된다.

그렇다면 우리가 추구해 온 리더발굴 방법이 너무 성급했다는 것인가?

서점가의 수 많은 저작들이 주장하는 것처럼, 진정으로 어느 상황 어느 자리에나 다 적합하다고 생각되는 리더는 애초부터 없었다. 기업에 입사 후 잠깐 동안의 행적을 보고 진정한 리더십을 가진 자로 판단하는 것 자체 가 무리였던 것이다.

우리는 〈스티븐 코비〉의 리더십에 관한 주옥 같은 말씀을 되새겨 볼 필 요가 있다. 〈**리더십을 키워내는 것은** 능력과 인격과 비전을 가진 인물을 빚어내는 것 이며, 이것은 **농사와 같이 시간과 정직한 땀을 쏟아 부어야 하는 일이다**. 거기에다 전능하신 하나님의 축복과 도우심이 있어야 한다〉 즉, 평생을 살아오며 인격과 지식과 설득력을 착실하게 키워와야 가능한 것이다. 리더십 강의 때면 빠짐없이 등장하던 이 분의 〈7 habits〉 보다도 위의 단 세 줄의 말씀이 필자에겐 더 강하게 다가 온다.

선인의 말씀이 생각난다. **비인부전(非人不傳) 부재승덕(不才勝德) 이 라 했다. 결코 덕보다 재주를 앞세워서는 안되며, 인격을 제대로 갖추지 못한 자에게 자리나 기술을 전수해서는 안 된다**는 말이다.

先公後私가 리더의 첫째 덕목

리더십 이야기엔 필자가 꼭 등장시키는 순서가 있다. 그 첫 번째가 군 주 마저 외면한 나라를 외로이 지켜내신 충무공의 〈愛民. 유비무환 리더 십〉 이다. 당파싸움의 폐해로 군주를 비롯한 대부분의 위정자가 무사안일 로 허송세월 하던 시기였음에도, 公께서 홀로 백성과 국가를 위한 충심으로 강병책을 세워 대비하신 덕분에 풍전등화와 같던 나라가 지켜 질 수 있었다. 애민애국의 충정으로 우리의 역사를 지켜 주신 영웅이시자 세계 海戰史에 길이 빛나는 리더이다. 더구나, 군주로부터 갖은 박해를 받으면서도 나라와 백성을 지켜내셨기에 가장 존경하는 리더로 첫 머리에 언급 하고 싶다.

두 번째로 언급하고 싶은 분이 세종대왕이다. 백성을 위하고자 시도했던 대왕의 혁신들은 기존 사대부들이 자신의 죽음마저 불사하며 강력히 반대 했다. 또한 대왕 자신의 건강마저도 애민의 열정을 받쳐주지 못할 정도로 힘든 시기였다. 그렇지만 대왕은 결코 서두르지도 포기하지도 않고, 끈질긴 토론과 설득으로 세계에 자랑할 만한 자주적 문화를 창달하고 과학기술을 이룩했다. 대왕의 위대한 업적도 반대파들을 토론에 끌어들여 기필코 설득 해 내신 이분의 〈토론 리더십〉을 앞지를 수 없음을 더 강조 하고 싶다.

다음은 기업경영의 측면에서 리더십교육에 빠지지 않고 등장하는 사례이다. 최고의 경쟁력만을 강요하는 냉혈한 잭웰치의 〈일등 리더십〉을 세번째로 언급하고 싶다. 비록 〈중성자탄 잭〉이라는 별명만큼이나 직원정리가 주특기이지만 이것 역시 선공후사의 리더십이 아니라면 감히 누구도 시도하지 못할 일이다. 직원들의 불만을 피하려고만 한다면 그것이 바로 私를 먼저 생각함이요, 자신에게 쏟아진 비난을 감수하고 정리를 해냄은 바로 先公이다. 불행히도 아직도 많은 기업들이 잭웰치의 리더십을 필요로 하고 있음을 아무도 부인할 수 없다.

그리고 경영의 리더십에서 빠질 수 없는 또 한 사람으로 네 번째로 언급하려는 이가 마이크로 소프트사의 빌게이츠 이다. 글로벌 경기 불황과 청년 실업문제로 힘든 시간을 보내고 있는 우리의 청년들에게 꼭 필요한 리더십이다.

  기업에 있어 전자는 〈수성을 위한 리더십〉, 후자는 〈창업을 위한 리더십〉의 모범으로 보면 될 것이다.

  다섯 번째로, 베트남전의 영웅 무어 중령을 꼽고 싶다. 영화〈We were soldiers〉를 통하여 전세계인에게 익숙한 내용이다. 바로 "멜 깁슨" 이 무어 중령 役으로 열연하며 보여준 리더십이다. 〈적진으로 들어 갈 때에는 언제나 내가 앞장 서고, 퇴각할 때는 결코 내 뒤에 한 명의 아군도 남겨 두지 않겠다〉는 명연설로 부하들을 움직인 가슴 뛰는 리더십이다. 절대적 소수인 400명으로 2000명의 적을 물리 친 영화 같은 이야기다. 하지만 필자는 무어의 희생과 무용담도 훌륭 하지만 부하의 마음을 움직인 명연설, 즉 소통 능력에 더 점수를 주고 싶다. 이게 바로 〈소통 리더십〉이다.

  물론, 자신의 희생을 바탕으로 한 실천적인 자세인 〈서번트 리더십〉을 보여 준 사례 이기도 하다. 이처럼 자신의 희생으로 부하를 돌보는 서번트 리더십은 여섯 번째로 중국의 〈오기장군〉의 이야기인 **연저지인**(吮疽之仁 -종기를 입으로 빨아 내어 부하를 살린)의 고사(본저의 140p 상세기술) 에서 도 잘 나타난다.

스포츠계의 리더십
쌍방향 소통이 대세

불행히도 필자의 생각엔 우리의 정계는 언급할 상황이 아닐 듯, 만약 한 명이라도 언급하는 순간 독자 분들이 이 책을 덮을까 두려운 심정이다. 그럼 독자들이 가장 관심 있게 봐 줄 스포츠 계로 가보자. 우리나라가 가장 강한 곳은 스포츠분야라는 의견에 한 분의 독자도 예외가 없을 것이라 믿는다. 이 스포츠분야는 최근 세계적인 리더들로 넘쳐난다.

먼저 히딩크 감독을 빼고서는 스포츠 리더십을 결코 이야기 할 수 없다. 축구 변방국을 세계 4강으로 끌어 올린 히딩크의 리더십은 스포츠외의 다른 분야에서도 벤치마킹을 가장 많이 하는 현대의 리더십이기도 하다.

그런데 그 히딩크의 리더십은 필자가 볼 때 별거 아니다. 우리 국민들이 지독히도 취약한 학연, 지연, 명성 등은 완전 무시하고 그 당시의 실력으로만 선수를 관리하는 것이었다. 지극히 당연한 방법이었다고 단정하면 히감독께서 보시면 섭섭하실지도 모르겠다. 그런데 한가지가 빠졌다. 히동구를 필두로 국내 스포츠계에 등장한 것이 소통의 리더십이다. 감독과 선수간의 쌍방향 대화를 통한 소통, 선후배간의 격의 없는 팀 분위기 조성, 그리고 처해진 상황에 대한 공감 등, 한가지 더 있다면 언론과의 공격적인 소통이다. 이것이 바로 히동구 감독의 공적이다.

그리고 최근 우리나라가 프로스포츠의 강국으로 세계에 자리매김한 위상 덕분에, 의외로 토종감독 들의 리더십도 세계에서 주목 받고 있다. 세계 유수의 구단들로부터 러브콜을 받아 해외로 진출한 감독도 많지만, 또 몇몇은 좋은 조건을 뿌리치고 자신만의 안식기간 또는 개발기간을 갖는 분도 있다. 이처럼 우리 스포츠계의 리더십은 이제 세상을 리드한다.

팬들이 많기로 소문난 몇몇 리더들을 열거해 보자. 국내 축구계에도 〈봉동이장〉으로 불리는 최강희 감독의 연속 우승신화는 팬들의 사랑을 독차지하는 독특한 리더십을 구축했다. 야구계에서는 야신 김성근 감독의 프로다운 프로를 강조한 카리스마와, 신사 유중일의 기다림 리더십이 판을 평정해 왔다. 여자 농구 계에도 위성우 감독의 매직이 팀을 통합4연패로 이끌고 있다. 얼마나 더 지속될 지 궁금증을 더 한다.

배구 계에서도 팬들까지 소름 돋게 만드는 예리한 지적과 독사 같은 눈매로 선수를 분발시키는 신치용표 리더십이 장기독주를 해왔다. 어느 샌가 신치용 키즈로 불리는 김세진, 최태웅의 young man 리더십이 배구 판을 정복하고 있다. 이들은 그 짧은 순간에 어떻게 마술 같은 언어로 선수들의 승부 본능을 일깨울까?

하지만 필자는 감히 주장한다. 팬들에게 보여지는 것이 전부는 아니라고. 만약 훈련장에서, 전력 평가장에서 품어내는 리더의 독기가 없다면 경기장 에서는 한 마디 말과 눈 빛 하나로 공감이 이뤄질 수 없다. 그래서인지 현재를 사는 스포츠 감독들의 화려함과 이면에 가려진 그들의 삶이 비교되곤 한다.

그런 와중에도 빛을 발한 한 명을 굳이 더 언급하고 싶다. 바로 **황선홍**

이다. 포항 스틸러스를 수년간 강자로 군림시키며, 국내 프로 축구사상 최초로 더블(한 해에 프로리그와 FA컵 동시 우승)을 기록할 정도로 우수한 리더십을 가졌다. **하지만 그는 정상일 때 떠났다. 스스로 부족한 점을 보완하고 자신을 돌아볼 안식기간을 가질려는 시도였다. 욕심을 버린 그다. 필자는 그래서 그를 최고로 친다.**

앞서 잘 나갔던 리더십을 믿지 마라
인물 카피는 피해야 한다

언급된 윗 분들은 각자가 직접 또는 다른 사람을 통하여 자신의 생각을 구현하면서 세상을 밝히기도 하고, 어지러운 나라를 구하기도 하며, 특정 스포츠 팀을 최강의 팀으로 군림하게끔 만들며, 또 세계초일류 기업으로 지속 가능한 기업을 경영하기도 한다. 이미 많은 분들이 리더의 모델로 주목 받았다.

이렇게 성공 사례만 골라보면 그 분들의 특별함이 배어 나온다. 그 틀대 로만 운영하면 무엇이든 성공할 것 같다. 그러나 만약 언급한 분들이 그 나라, 그 팀, 그 회사, 그 시대가 아닌 상황에서도 기존과 같은 성공을 이룰 수 있었을까? 아니면 반대로 다른 사람들이 이 분들의 상황 속에 들어가서 이 분들과 같은 틀로 리드해 나갈 때 종전과 같은 성공을 이룰 수 있었을까? 두 개의 의문에 대한 답은 오히려 부정에 가깝다.

그래서 보편적인 리더십과 어떤 일에서든 성공할 것 같은 절대적인 리더는 없다 라고 과감히 선언해 본다. 즉, 어느 곳에서나 통하는 훌륭한 리더 찾기는 영원한 숙제로 여겨진다. 이 이야기는 한홍님〈저서: 거인들의 발자국〉의 우려와도 일치한다. 그는 많은 **사람들이 리더십을 극단적으로 일반화하려 는 성향을 두려워하고 있다. 즉, 한 명의 탁월한 경영자가 나오면 거의 맹목적인 우상숭배와도 같은 인물카피가 이뤄짐을 경계하라고 한다.**

수성을 잘하는 리더 되기가 더 어렵다

만약에 동서고금을 통하여 어떤 이의 경이로운 업적이 人口에 지속적으로 회자(膾炙)된다면 그를 리더로 인정해 줄 수 있을까? 그렇다! 어려운 시대상황 이나 주변 여건하에서의 독특한 생각과 활동으로 그 업적을 이뤘다면 그는 바로 우리의 영웅으로 대접 받았다. 또한 우리가 알았던 그런 분들은 대개 훌륭한 리더임에 틀림없었다. 그래서 영웅의 주류를 이루는 훌륭한 군주, 장군들에 대한 리더십이 많이 연구되었었다. 어린 시절 두 손에 땀을 쥐며 읽었던 영웅전속 의 인물들이 대부분 그런 류일 것이다.

그런데 우리가 아는 대부분의 영웅은 흔히들 난세에 생겨났는데, 태평성대에는 과연 훌륭한 리더가 없을까? 그렇지 않다. 오히려 평화로운 나라나 부유한 시기를 유지해 가는 것, 글로벌 가치를 지닌 기업으로서의 위치를 지켜가는 것 자체가 더 훌륭한 리더십 이라고 볼 수 있다. 즉 창업보다 어렵다는 수성의 업적을 지닌 이는 더 훌륭한 리더일 것이다.

아주 옛날에는 기업이 백 년을 가기가 어렵다고 했지만, 요즈음은 삼십

년이 아니라 십 년을 살아 남기가 힘들다. 물론 일본처럼 가업을 승계 받아 혼신의 열정으로 유지해 가는 모범사례도 있고. 그리고 우리나라 경주의 최 부잣집 사례도 있다. 그러나 나름의 특별한 수성원칙을 지키지 않으면 불가능한 일이다.

그래서 창업하는 리더보다 수성하는 리더가 더 어렵다고 한다.

상황에 맞게 헤쳐나가는 자가 리더다

자신 만의 리더십을 찾아야 한다. 필자는 이런 저런 생각으로 리더의 정의조차 내리지 못한 채 리더 찾기에 목말라 했었다. 그러나 남이 생각하는 리더십만 쫓다가 뜻을 이루지 못한 지난 시간들이 필자로 하여금 결단을 내리게 했다. 그 동안 필자가 틈틈이 활용해서 성공률이 높아졌고 타인에게 추천도 했던 방식들을 모아 필자 나름의 리더십을 정립하고자 펜을 들었다.

그렇다고 필자까지 또 하나의 새로운 리더십 모델을 주장하는 것은 아니다. 어떤 일에 있어 다른 사람이 하기 힘든 생각과 실천으로 무언가를 이뤘다면 그를 바로 리더의 한 사람으로 인정하기로 했다. 하기야 필자 인생 58년에 조직생활 33년이면 나름의 철학도 생길 만하니 나름의 리더십 이야기를 할 만도 하다. 거기다가 자연스럽게 마음이 쏠리는 인문학의 세계를 여행하다 보니, 꼭 맞춰진 틀, 특정된 인생관에 국한하여 리더십을 찾을 필요가 없음을 느꼈다.

그리고 최근 10여년간 황금 같은 휴일을 반납하며 참석한 리더를 위한 인문학 특강 중에 꽤나 얻은 것이 많았다. 즉, 리더십이란 그렇게 요란한 것들만이 아니었다. 졸음을 물리쳐가며 만났던 공맹(孔孟)을 통하여 주옥 같은 말씀들에 조금씩 공감도 되어 간다. 지금은 자연스럽게 노자와 장자에까지 범위를 넓혀도 그 말씀들이 내 눈과 귀를 거스르지 않는다. 그러다 보니 앞서 전형처럼 보이던 리더십은 보다 새로운 방법으로 많은 분야에 개인의 특수성을 고려한 연구가 필요함을 느꼈다. 즉, 살아오면서 만난 많은 훌륭한 분들을 다 리더의 반열에 올리고 싶은 것이다.

결국은 소통이다 (無通不信 無信不立)
리더 자신이 체험한 스토리를 〈공통분모〉로 활용해 보라

기존의 리더십을 보면 크게 강력한 카리스마로 이끌어 가는 유형과, 앞장서서 모범을 보이며 따라 올 것을 권하는 유형으로 구분된다. 한가지 덧붙여 보면 수하에 대한 무한정의 관용 또는 사랑을 보임으로써 감동하여 스스로 따르게도 한다. 하지만 정직이라든가 희생이라든가 소통이라든가 관용이라든가 후세에 강조되는 어떤 개념 하나 하나가 특정 리더의 모든 모습은 아닐 것이다. 결국 훌륭한 리더는 상황에 맞게 최고의 시너지를 발휘할 수단을 잘 활용하는 사람이다. 그 수단이란 본인의 모범, 희생을 통한 것일 수도 있고, 강력한 카리스마를 통하여 반드시 따르게 하는 것일 수도 있다. 결국은 구성원이 움직이게 만드는 것이다. 구성원을 움직이게 하려면 소통 이 필요하다.

無通不信이요 無信不立이라 하지 않든가? 필자는 리더십을 소통방식의 문제로 생각했다. 채사장은 그의 저서 〈지적대화를 위한 넓고 얕은 지식〉에서, 대화하고 소통하기 위해 필요한 건 언어가 아니라 〈공통분모〉라고 했다. 필자는 특별히 근무하던 회사에서 어려운 내부문제를 극복 하고 전 직원이 가치 있는 회사 만들기에 매진코자 하는 노력에 활용하던 소통방식을 떠올렸다. 리더의 〈直講〉과 메시지를 통한 〈공통분모〉 만들기였다.

리더십 이론서인 〈거인들의 발자국, 한 홍著〉에 다음 이야기가 있다. 리더 자신의 스토리를 들려주라. 사람은 사람 이야기를 좋아하며, 어떠한 논리적인 교재보다도 더 효과적인 매뉴얼은 그 사람의 삶의 이야기다. 자기과시적인 무용담이 아니라면, 자신의 삶의 경험 자체가 가장 훌륭한 리더십 교과서이다. 필자는 이 말에 크게 고무된 바 있다. 그래서 필자가 근무하던 회사에서 소통리더십에 활용하던 리더의 메시지를 위주로 이 책을 엮었다.

분명히 필자가 체험한 내용, 느낀 후 전하고 싶은 내용, 알리지 않으면 안 될 내용, 진한 감동이 느껴질 때에도 밤을 새우며 직접 작성해 본 글들이다. 메시지를 받을 대상 직원들의 수준, 당시의 정서 등을 고려하여 며칠 간의 교정을 거쳐 발송한 글들이다. 그렇지만 아마추어적 문장에다 초보 리더의 열정만 드러날 뿐 약간은 횡설수설 일 것이다. 다만, 이야기처럼 동서고금을 오가다가도 비즈니스, 스포츠, 전쟁터, 교실 까지 오가며 재미 있게 읽을 수 있도록 준비해 보았다.

수 없이 많은 리더십 이론서 덕분에 리더 되기를 잠시 포기해 볼까도 생각한 예비 리더들에게 이 글이 조금이라도 도움이 되길 바란다. 그래서 좀 흥미로운 스토리로 엮어 보고자 했다. 복잡한 현대생활 속에서 머리도 식힐 겸, 읽으면서 자기 나름의 리더십에 확신을 가지는 시간이 되기를 기대 하며 이 글을 적어 간다.

이 곳에 등장하는 리더의 메시지는 필자가 몇 개 회사를 거치면서 상황에 따라 때론 카리스마로, 때론 감성으로, 때론 자기 희생으로, 때론 철저한 토론으로 엮어낸 실제 활용했던 글이요 리더십이다. 실제로 이런 감성소통을 통하여 그 회사들은 경쟁력을 회복하고 지금은 가장 우수한 기업으로 발전하고 있음을 자부한다.

결국 바람직한 리딩의 길은 리더와 구성원들에게 공통으로 필요한 이슈들을 〈공통분모〉 리더의 생각대로 해결토록 하는 것이다. 리더의 강력한 현장강의(直講)도 좋고, 리더의 감성메시지 형태도 좋다. 다만 분명한 것은 **반드시 리더 자신의 생각이며, 자신의 스토리가 포함되어야 한다는 것이다.** 홍보직원이나 외부 전문가의 글을 통한 메시지 전달은, 투박하고 아마추어적인 리더의 글보다도 오히려 효과가 적다. 지금까지 길고 긴 서론을 이야기 한 것도 이 한 마디를 강조하려 함이다. **리더가 부딪혀서 부족함을 느낀 점, 감동받은 점, 심지어 같이 사는 구성원으로서 알아야 할 인륜적 문제 까지도 직접 작성하고 직접 보내는 것이다.**

필자는 자신이 써서 내보낸 수 많은 메시지들을 보여주고 싶은 것이다. 제2부에서는 〈유치한 필자의 공통분모〉가 메시지형태로 나타난다.

제2부에서는 필자가 여러 회사를 거치면서 임원으로서, 리더로서 소통한 실제 내용들을 수록했다. 대면 소통이야 일일이 기록으로 남길 순 없었지만, SNS를 통하여 정기적으로 메시지로 소통한 내용들은 기록으로 남아 있기에 가능했다.

회사별로 시기별로 〈공통분모〉를 찾아 소통키 위해 필자의 손으로 직접 작성한 메시지들이다. 얕은 지식에 형편없는 필력 때문에 거친 표현들이지만, 그래도 꽤나 많은 팔로워가 있었기에 필자는 자부심을 가진다. 그 중 첫 사례 〈물세례로 덮어주신 허물〉는 필자 개인의 부끄러운 과거 이야기로, 지금껏 공개하지 못했던 내용이다. 필자에게 은혜를 내려주신 선생님의 헤아림을 이제는 알리고 싶다. 그리고 〈공통분모〉별로 정리된 필자의 유치한 생각들이 순수한 열정으로 살아가는 리더들에게 조금이라도 도움이 되길 바란다.

리더가 갖추고, 전해야할 유치한 공통분모

-제2부-

· 참 리더 이야기 (참 스승, 참 큰王) ·

물세례로 제자의 오점을 씻어주신 선생님 이야기

용서도 헤아림으로(김창석선생님 : 필자의 스승)

> 필자 인생에 가장 훌륭한 리더로 꼽는 분이 있다. 아마 독자들도 이 글을 한 페이지만 더 읽다 보시면 제일 가는 리더로 손꼽을 것이라 감히 단언 한다. 때는 70년대 초반, 진주의 한 초등학교에서 있었던 일이다. 한번의 실수 때문에 놀림감으로 전락할 뻔한 어린 학생을 보호하여 바른 길로 인도해 주신 스승님의 이야기다. 촌놈, 커닝쟁이, 오줌싸개로 끝날 뻔 했던 어린 학생을 지금 이 책의 필자의 위치까지 만들어 주신 분이다. 김창석 선생님께서 지키신 진정한 師道와 학생사랑에 존경과 감사를 드리며, 그 분께 이 책을 바치고자 한다.

1969년으로 기억된다. 필자는 거창, 합천에서 요즘이면 분교 수준의 학교를 거쳐서 진주의 한 초등학교로 전학을 오게 된다. 이 학교를 2년반 정도 다녔지만 지금도 기억에 남는 건, 전학 후 처음 맛본 배급용 밀가루 빵의 감미로움과 외톨이였던 촌놈을 반겨주던 넓은 운동장, 그리고 결코 잊을 수 없는 김창석 선생님과의 만남이다. 흥미를 위해 지나간 이야기를 조금 덧붙여 본다.

이 졸저의 주 독자층인 베이비부머 세대들은 아실 것이다. 당시 원조 받은 밀가루, 옥수수 가루 등이 극빈세대 어린이들의 영양간식으로 제공되는 시절이었다. 거창, 합천에서는 거친 옥수수 가루만 지급되었는데,

진주로 전학 후 처음 맛본 밀가루 빵의 부드러운 맛은 지금도 빵집을 자주 찾는 필자의 식습관에 영향을 미쳤는지도 모른다.

그리고 당시 필자는 기존 급우들에게 무시당하는 외톨이 신세였으니, 자연이 운동장에서 바람 빠진 축구공을 친구 삼아 차고 달리기에 빠져드는 게 당연했을 것이다. 다행히도 산골을 달리던 체력과 어느 정도의 운동신경이 받쳐 주었는지 필자의 축구실력은 꽤나 주위의 인정을 받았다. 당시 그 동네 사람들은 필자를 〈동산골 펠레〉로 불렀고, 대학 때는 〈8백만 불의 사나이〉, 〈군대스리가〉를 거쳐 포스코에 입사한 첫 해에는 소속된 전반관리부서의 축구팀을 우승으로 이끄는데 기여한다. 스텝부서 팀이 우승하기는 그 해 1984년이 전무후무한 기록 이었단다. (유치하게 펼쳐 낸 스토리는 이제 접는다.) 이때 시작된 축구사랑은 필자 나이 60을 바라보는 지금도 변함없다.

그러나 그 당시 운동 재능은 부모나 선생님에겐 크게 인정받지 못하는 시절이었다. 오로지 자수성가를 위한 공부만이 요구되던 상황에서, 담임이신 김창석선생님의 가르침을 몸으로 느끼게 된 결정적인 사건이 생겼다. 어느 날, 단기간에 학교성적이 올라 갈 큰 행운이 찾아온 것이었다. 필자가 학급의 당번이던 날, 혼자 교실을 청소하던 중이었다. 우연히 선생님의 책상을 열어 본 순간 필자는 심장이 멎을 뻔 했다. 그 週에 볼 시험 문제지가 눈에 띈 것 이었다. 누가 볼세라 얼른 문제들을 옮겨 적었다. 그 달의 성적은 필자가 전학 온후 처음으로 상위 등급으로 올라가고 선생님과 부모님께 큰 칭찬을 받았다.

그 일은 상당기간 반복되었고, 성적은 커닝 때문인지 본 실력이 늘었는지 계속해서 상위권을 유지하게 되었다. 꼬리가 길면 밟히는 법 이든가? 어느 날 선생님은 반 아이 전체를 벌 주었다. 모두 자기 책상 위에 올라가 무릎을 꿇고 앉게 했다. 필자는 자신만 벌 주면 되는 데 왜 전체를? 이런 의문을 가질 즈음, 선생님은 〈지금까지 자신이 잘못한 것을 반성하는 시간이다. 잘못된 방법으로 이긴다면 절대 오래가지 않는다〉고 조용히 말씀하신다. 누구 누구를 지적하지 않고 학급 전체에 대한 벌을 주시는 거다. 얼마나 시간이 지났을까, 꼼짝없이 앉아 있던 필자가 책상 위에 꿇어 앉은 상태에서 실례를 한 것이다. 조금씩 스며나온 오줌방울이 책상 위에 흔적을 남길 정도가 되었다. 평생 지워지지 않을 오줌싸개의 오명을 쓰고 살아가야 할지도 모를 일이었다. 이 상황을 간파한 김창석선생님은 다른 아이들이 아무도 눈치 채지 못하게 한 바가지나 되는 물을 필자에게 뿌렸다. **그리고는 〈 넌 웬 땀을 그렇게 흘리냐? 〉며 일부러 큰 소리로 나무랐다. 평생 필자에게 족쇄가 될 오줌 흔적과 시험지 훔친 흔적은 한 바가지의 물 세례로 말끔히 지워졌다.** 두고 두고 기억해야 할 리더십이었다. 잘못은 가르치되 상처로 남지 않도록

> 그날 다른 분이 그 자리에 계셨더라면…. 필자의 인생은 어떻게 달라 졌을까? 내 인생에서 시험지를 훔쳐보고, 오줌을 싼 것이 잘못이 아니라, 김창석 선생님을 나중에라도 찾아 뵙고 감사 드리지 않은 것이 필자의 인생에 있어 가장 큰 실수였다.
>
> 너무 늦게 깨달았습니다. 용서해 주세요. 선생님의 넓은 마음. 그리고 스승님의 깊은 헤아림을 다른 많은 선생님들이 닮게 해 주셔요.
>
> (이 이야기는 일부만 직원들에게 공개했던 필자의 어린 시절 이야기입니다.)

갓끈을 끊어 부하를 살린 초 장왕 이야기

용서를 하되 허물이 남지 않게 보호해 주는 리더십을 고사에서 찾아보았다. **초장왕의 절영지연**(絶纓之宴) 고사이다. 한번의 실수를 공개되지 않게 덮어 준 아량이 충신을 만들었다. 이 책을 보는 분이면 누구나 다 알 만한 내용이리라. 직역하면 "갓끈(纓)을 끊어버리고 연회를 연다"는 의미이다. 이야기로도 무척 재미있다.

초나라의 〈장왕〉은 반란을 평정한 후 신하들을 불러놓고 즐겁게 연회를 열었다. 공을 세운 장수는 물론이고 문신과 총애하던 애첩들까지 연회장에 다 불러모았다. 그런데 연회도중 갑작스럽게 불어온 바람 때문에 등불이 다 꺼져버렸다. 깜깜해진 그 순간 어느 한 신하가 왕의 애첩에게 입을 맞추고 달아났다. 애첩이 그 신하의 갓끈을 끌어당겨 움켜쥐고는 〈장왕〉에게 귓속말로 고자질을 했다.

"왕이시여 제게 입을 맞추고 달아난 사내의 갓끈을 제가 잡고 있사오니, 부디 불을 밝혀 그 놈을 찾아내어 벌 주시 오소서."

그러자 〈장왕〉은 아무도 불을 켜지 못하게 한 후, 큰 소리로 명령했다.

"오늘은 즐거운 날이다. 한 사람도 빠짐없이 갓끈을 끊어버리고 즐겁게 놀아보자. 만약 불을 밝혔을 때 갓을 쓰고 있는 사람은 큰 벌을 줄 것이다"
덕분에 연회는 더욱 흥겹게 이어졌고 무사히 마치게 되었다.
그로부터 수년이 지난 후 초나라와 진나라 사이에 큰 전쟁이 벌어졌는데 어려운 고비 때마다 한 장수가 자기 몸을 생각지 않고 혼신의 힘을 다

해 앞장 서서 싸운 결과 마침내 전쟁을 승리로 이끌게 되었다. 초장왕은 너무나 고맙고 감격한 나머지 그 장수에게 물었다.

"과인의 덕이 그리 높지 않아 그대에게 특별히 해 준 것도 없는데, 그대는 어찌하여 죽음을 무릅쓰고 용감히 싸웠는가?"

그러자 그 장수는 엎드려 대답했다.

"대왕이시여 저는 삼 년 전에 이미 죽은 목숨이옵니다. 삼 년 전 연회 자리에서 대왕의 애첩을 희롱하다 갓끈을 빼앗겼는데, 그 때 모른 척 넘어가지 않으셨다면 이미 죽었겠지요. 제 목숨은 대왕의 것 입니다. 지금이라도 그 때의 죄를 벌 주십시오."

〈 어린 학생과 하급 장수를 감싸 준 두 거인 〉
어린 학생이 평생 짊어지고 가야 할 커닝의 죄와 오줌 싼 현장을 덮어 준 김창석 선생님 덕분에 필자는 지금 이 책을 쓸 수 있고, 초 장왕의 아량과 부하 사랑하는 마음이 혈기 넘치는 젊은 하급장수의 죄를 덮어 주었는데, 그 것이 장왕 자신과 국가를 지켜내는 충성심을 이끌게 한 것이다.

· 조직을 위한 공통분모 (組織目標, 相生) ·

0000년. 5월 정기 인사 철이 지난 후, 〈울회사〉의 사장으로 취임하게 된다. 〈감사, 긍정, 배려, 회사, 인간〉보다 〈不信, 不定, 背信, 돈〉이 더 많이 언급되는 회사라고 많은 분들이 필자를 걱정해 주던 기억이 난다. 그러나 그 걱정은 필자가 볼 때는 편견일수도 있었다. 조직의 목표와 직원들의 욕구를 균형 있게 보는 시각을 소통으로 만들어 주면 풀릴 일이었다. 그리고 그 소통역할을 할 리더들의 의지를 키워주는 문제였다.

돌아보면 〈울회사〉 당시의 어려움은 직원들 스스로가 풀었다. 필자는 사장이 아닌 동반자로, 대화 상대로 열심히 발품, 손품, 입품을 팔다 보니 어느새 직원들이 해결했었다. 그래도 필자가 혼자 있을 때면 걱정에 휩싸이곤 했다. 당시 필자를 격려하고 위로해 준 한 분을 잊을 수 없다. "지금이 어렵고 힘들다면, 앞으로는 언제나 지금보다는 더 좋은 일만 생기지 않겠나, 무엇이 두렵나?" 는 포항지역 박의룡사장님의 한마디가 필자에게 큰 용기를 주셨다. 이 장을 빌어 다시 한번 깊이 감사 드린다.

대표이사의 直講
감성메시지 소통으로 회사를 바꾸다

당시에 필자는 〈젓가락 두 짝〉 비유에 온통 필이 꽂혔다. 젓가락 어느 한 짝이 잘난 척 힘 자랑을 하다 보면 우린 밥을 제대로 먹을 수 없다. 또 강하거나 약한 어느 한 짝을 버릴 수도 없다. 젓가락 두 짝은 부부 사이일 수도 있고, 자녀와 부모 사이일 수도 있고, 여와 야 일수도 있고 직원과 경영층 일수도 있다. 이 젓가락 두 짝은 서로를 굳게 믿고 의지하여야 제 기능을 발휘하고 발전하고 또 생존할 수 있다. 경영층은 직원을 믿어야 하고 그 만큼 직원들도 경영층을 신뢰하게 된다. 그래야 위기일수록 직원 들도 경영층도 공통분모인 조직목표와 상생으로 소통해야 한다

필자가 〈올회사〉에 취임 후 내건 첫 번째 구호가 〈회사의 문제는 회사 내에서 내부 협의로 결정키로 하자는 것〉이었다. 회사문제를 밖으로 가져 가면 영원히 해결될 수 없음을 강조했다. 두 번째가 높은 복지를 주장하기 위해서는, 〈직원들 스스로가 주인의식과 도전의식을 가지고〉, 주장하는 수준만큼의 성과를 만들어야 한다고 설득했다. 스스로 품격 있는 직원이 되어야 하며, 어려운 경영여건 속에서 매출액과 영업이익을 올리기 위해서는 창의성과 함께 고객으로부터 인정받는 회사와 직원이 되어야 함을 공감시켰다.

매일 단위 작업장을 순회하며 대화와 토론으로 하루를 보냈다. 오전 10시에 시작된 필자의 소통 행군은 오후 4시에 끝이 났을 것이다. 공감한 그룹과는 그날 저녁 시간대에 굳히기 식사로 이어진다. 그래 도 공감대 형성작업이 더 필요한 그룹은 또 다른 날에 반복된다. 취임 후 처음으로 생각한 것이 직원들에 대한 정신운동과 직원들에게 제시할 비전이었다. 필

자는 1주일 이상을 직원들과 토론하며 공감한 후 확정했다. 직원들이 더 훌륭했다. 쉽게 공감했다. 공통분모를 찾은 것이다. 바로 〈內家自格 있는 OOO 주인되기 125운동〉이다.

그리고 기존의 매출외에도 매년 매출을 추가하여 2016년에는 50억원의 추가매출을 올리는 것을 목표로 잡은 〈VISION 1650〉을 제시했다. 직원들의 반응은 상상 이상이었다. 〈O앤O〉을 빵집 같다며 자조적인 이야기를 하던 직원들이, 필자가 붙여준 〈O人O〉 이라는 새로운 애칭에 공감해 주기 시작했다. 즉, 자재 가공정비 작업도 인간관계와 신뢰가 바탕 이 되어야 한다는 의견이었다. 사명까지 바꾸지는 않았지만 〈O人O〉 은 직원들 사이에서 필요 하다는 필자의 의견에 공감하며 인간이 있는 회사, 감사를 외치는 회사, 신뢰를 회복해 가는 회사로 변모되어갔다.

內家 自格있는 OOO주인되기 125운동

우리 OOO은 환경에 의해 지배되는 주변회사가 아니라, 우리가 주도적으로 경쟁의 룰을 만들어가고 우리가 중심이 되어 새로운 가치를 창출해 가는 기업이 되고자 합니다.

실 천 목 표

內: 회사 內에서 소통과 신뢰로 內부 협의를 통해 문제를 해결한다.

家: 직원과 동료를 家族처럼 아끼고, 회사를 家庭처럼 화목하게 만든다.

自: 〈울회사〉직원임에 自負心을 가지며, 이웃을 배려하는 문화를 만든다

格: 회사와 직원의 格을 높인다. 자신의 가치향상 학습에 주력,

창의적인 마인드로 문제를 해결, 고객의 가치를 창출,

상대방을 배려하고 고객을 존중하는 회사

125운동 일일실천항목

1. 1日1省 – 오늘은 내가 "O앤O"의 주인이었는지 반성하자.

12. 하루 12번 긍정적인 행동, 언어를 의도적으로 표현

상대방에 행복을 선물 (웃음, 칭찬, 격려, 감사 표현)

125. 하루에 125分은 공부하자 [학습활동 : 독서, 기술습득] 기술수첩활

용 제대로 하기, 현장 OJT 확실히 하기

125운동으로 비전1650을 달성합니다.

위 그림은 필자의 제안으로 각 작업장에 부착했던 정신운동 전개안내문
이다. 직원들이 공감하고 열정적으로 실천한 덕분에 좋은 회사는 더욱 빨
리 다가 왔다.

CEO주간메시지 첫 회 - 사장은 동반자다

여러분의 동반자인 사장입니다. 오늘부터 여러분과 매주 관심 있는
사항을 중심으로 〈CEO주간메시지〉 형식으로 소통코자 합니다. 오
늘은 첫 회로서, 우리 회사 젊은 직원들에 대한 칭찬거리가 있기에
그 내용을 말씀 드리고자 합니다. 저의 메시지는 아주 작은 것으로,
주변의 이야기부터 회사의 중요한 사항까지 여러분과 소통하는 도
구가 될 것입니다. 특히, 많은 칭찬을 하도록 하겠습니다.

여러분과의 간단한 상견례를 겸한 취임식(6.10)후 이틀 만에 포항으로

이사를 왔습니다 (6.12). 저의 모든 시간과 열정을 여러분과 이 회사에 쏟겠다는 각오입니다. 여러분께 가장 진실하게 다가가는 동반자가 되겠습니다. 그리고 다음은 처음으로 보내드리는 제 마음을 담은 글입니다. 여러분들의 마음을 얻어야 하는 사장이기에, 직원 여러분들의 사랑과 신뢰만이 위기에 처한 우리회사를 살릴 수 있기에 이런 글을 매주 드릴 겁니다. 글속의 제 마음을 보시고도 무관심으로 일관하신다면 여러분과 제가 믿음으로 회사를 경영하는 시기가 그만큼 멀어지게 되고, 그것은 여러분과 저 그리고 우리의 가족에게도 바람직한 일은 아닐 것 입니다. 많은 관심을 가지고 좋은 의견, 하시고 싶은 말을 가감 없이 쏟아주시면 좋겠습니다.

저의 이런 마음을 아셨는지 제게 감동을 주는 일화가 있어 소개합니다. 고픈 배를 참아가며 다른 동료들의 작업이 완료될 때까지 식사를 하지 않고 기다려준 감동적인 'ooo그룹' 신입사원들의 이야기입니다.

금일은 ooo그룹과의 중식간담회가 있었습니다. 애초 12:00로 예정된 간담회 시간이 12:30으로 연기되었다가, 결국은 13:00가 넘어 시작되었습니다. 휴지작업이 끝나지 않은 관계로 지체된 것이었습니다. 그런데 먼저 일이 끝난 직원들은 매우 배가 고픈 상태였음에도, 먼저 식사를 하자는 사장의 제안에도 동료들의 작업이 끝나는 시간까지 기다려주는 것이었습니다. 동료들과 같이 식사를 하겠다는 감동적인 동료애를 보여주었습니다. 솔직히 사장인 저로서도 매우 배가 고픈 상태였는데, 힘든 일을 마치고 온 젊은 직원들은 얼마나 배가 고픈 상태였는지 충분히 알 수 있는 일입니다. 저는 기다리면서 비록 배는 고팠지만 정말이지 너무나 감동을 받았습니다.

저는 오늘 다시 한 번 OOO의 사장으로 취임한 것이 제게는 크나큰 축복임을 느꼈습니다. 작은 것이지만 은연중에 동료직원간의 우애와 선후배간의 사랑이 넘쳐나는 것을 보면서 저는 희망을 발견했습니다. 특히, 우리회사에서 가장 젊은 사람들의 조직에서 보여준 이런 모습이 더욱 저를 고무시켰습니다. 여러분을 위로하고 격려하는 간담회가 아니라 제가 위로를 받고 용기를 얻은 자리였습니다.

감사합니다. 정말 감사합니다.
그리고 정말 사랑합니다

젓가락에게 배우다

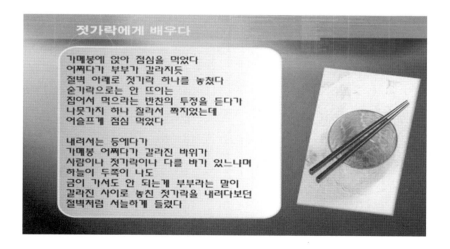

우리회사에 재직중인 직원이며, 지역 내 물레방아 동인이신 "홍승태 시인"의 시를 같이 음미해 보고 싶습니다. 젓가락이 우리에게 많은 가르침을 주는군요. 젓가락 하나는 여러분이고 하나는 경영층일 수도.

"사람이나 젓가락이나 다를 바가 있느냐"는 말씀이 정말 가슴에 와 닿습니다. 하늘이 두 쪽이 나도 금이 가서는 안 되는 게 부부이지요. 역시 일상 생활 중에도 금이 가서는 안 되는 게 직원과 회사이지요.

　서로를 믿고 사랑하는 부인과 남편, 회사와 직원으로 살아갑시다!

　사장인 저의 생각이나 행동이 우선되어야겠지요. 감사합니다.

소통을 위한 사장의 특강

취임 후 전 직원 및 배우자를 대상으로 강의한 내용입니다. 제목은 〈꿈 (O人O 새로운 창조)〉였습니다.

참고로 본 내용은 필자가 한 달을 고민하여 목표를 수립하고, 강의안을 직접 작성했습니다. 직원들은 회사의 계량화된 비전과 자신들에 대한 보상이 구체적으로 포함되길 원합니다. [O人O 비전 1650]은 우리가 노력하여 추가 매출을 올린 만큼 보상이 주어지게 하자는 취지입니다.

거의 한 시간 반에 걸친 리더강의는 직원과 가족들의 마음을 충분히 샀다고 자부합니다. 본 내용은 특강이전에 4회에 걸쳐 메시지로 내보냈던 내용을 〈가족 과 함께 하는 CEO간담회〉 자리에서 대표이사가 직접 REMIND 강의를 한 내용입니다.

스토리로 담다(사장은 동반자)

여러분! 여러분은 우리 OOO의 주인입니다. 그리고 저는 동반자일 뿐입니다. 동반자인 제가 주인들에게 "우리 OOO의 새로운 창업"에 관하여 말씀 드리고자 합니다. 현대의 모든 조직은 소통이 잘되어야 합니다. 요즘 세상에 어떤 수준의 소통이 이뤄지는지 관련한 유머 한마디 하고 시작하겠습니다.

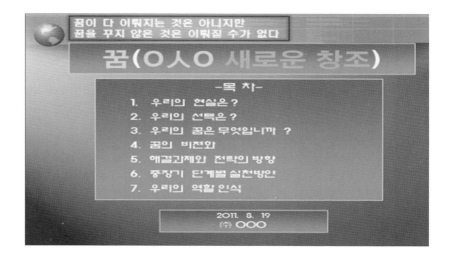

사람이 중심이 되는 회사가 됩시다 (소통이 필요합니다)

| 소통유머 1 |

엄마가 학교에서 돌아오는 아이를 위해 요리를 하고 있습니다.

아이가 집에 들어 오자, 엄마는 〈금상첨화〉를 생각하면서 묻습니다.

엄마: "이렇게 엄마처럼 얼굴도 예쁘고 요리도 잘하는 경우에

사자성어로 뭐라고 하니?”

아이: “자화자찬”

엄마: 약간 성질이 난 상태로 “금 자로 시작하는데”

아이: 아, 알았다.“금시초문” 엄마의 얼굴은 찌그러집니다.

| 소통유머 2 |

부부지간에 텔레비전에 출연해서 스피드 퀴즈를 하는데 제시된 낱말이 천생연분이었습니다.

남편: “당신과 나 사이”를 뭐라고 하지.

부인: “원수”

남편: “아~ 씨! 네 자로 말하라니깐”하고, 눈을 부라립니다.

부인: 아! 알았다. “평생원수”. 남편은 쓰러지고 맙니다.

벌써 알고 계신 분들도 많을 텐데 이렇게 큰 반응을 보이며 웃어주시니 감사합니다. 그리고, 결코 그냥 웃자고 만 한 이야기가 아닌 줄 잘 아실 겁니다. 상기 두 가지 유머는 여기 계신 부부지간, 자녀 사이에도 한번 더 생각해 봐야 하지만, 여러분과 저의 사이처럼 〈직원과 경영층〉 사이에서도 교훈으로 삼아야 할 일입니다.

유머 속의 엄마, 남편처럼 많은 경영자 들도 이런 착각을 자주 합니다. 자신이 직원들과 소통이 잘되고, 급여도 많이 주는 사장이라고 생각하지만, 직원의 입장에선 어디 그렇습니까? 경영자의 착각인 경우가 많겠지요.

여러분! 제가 만약 “저는 오늘 이처럼 여러분과 자리를 만들어 소통을 잘하고

있습니다"라고 말한다면, 저는 "금시초문"에 해당합니까? 아니면 "자화자찬"을 하는 겁니까?

아마도 모든 분이 둘 다 해당된다고 생각하실 것입니다. 지금까지는 어떻게 생각하든 좋습니다. 그러나 오늘 이 자리는 진정 쌍방향 소통으로 새로운 OOO을 창조해 나가자는 뜻으로 마련하였습니다. 그래서 제가 좋은 말만 하지 않을 수도 있습니다. 때론 거북하게 들리기도 하겠지만, 여러분이 이 회사의 주인이시니 이 회사 발전을 위한 저의 충언을 들어주시면 감사하겠습니다.

먼저, 〈OㅅO〉 들어보셨나요? 제가 이름을 이렇게 부른 이유가 뭘까요?

우리 회사를 사람이 중심이 되는 회사를 만들자는 것입니다. 소통으로 신뢰문화를 확산하고, 사람의 소중한 가치를 인정하고, 직원이 가진 전문역량 및 기술을 인정하고, 개개인의 인격 지키기와 함께, 칭찬과 배려, 그리고 상호 감사가 넘치는 그런 회사를 꿈꾸어 봅니다.

또, 각자는 개인에게 주어진 역할을 충실히 하는 회사 말입니다. 여기에 수행하는 업무에의 열정을 추가하면 더욱 좋은 〈OㅅO〉의 모델이 될 것입니다. 이런 사람 중심의 회사로서 경쟁력의 원동력으로 삼자는 것입니다. 우리의 꿈을 사람을 중시하는 문화에서 찾자는 것입니다.

우리의 현실을 바로 알아야 합니다

제가 취임한지 이제 두 달 정도 되었습니다. 그 동안 중식간담회, 석식간담회, 체육행사 참석 등을 통하여 여러분의 의견도 많이 들었고, 또 많은 외부인들을 만나면서 어렵게 우리 회사에 대한 이야기도 들었습니다. 여러분의 주장은 너무도 명확했습니다. 우리직원에 대한 급여의 상향수준 보장부터, Open경영 요구까지, 물론 현실적인 실현여부를 떠나서… 그런데 우리 주변의 수군거림도 만만치 않더군요. OOO 직원은 불만, 짜증이 매우 심한 것 같아, 경영층에 대해서도 불신이 많고, 스텝직원들도 잘 못하는 가봐. 자기들은 모든 걸 다 잘하는데 고객들이 잘못해 준다고 생각만 하지, 향후 회사운영이 어떻게 하면 발전적일지는 전혀 안보여… 이럴 때 우리는 조용히 힘을 합해서 〈울회사〉보다 평가도 잘 받고, 잘하면 〈울회사〉로 갈 계약 건도 우리가 먹을 수도 있다. 등등.

저는 정말로 등골이 오싹했습니다. 정말 우리에게 미래가 없는 걸까? 그렇다면 빨리 이런 외부의 인식을 바꿔야겠다. 그래야 우리에게 내년이 있고 5년후가 있지 않겠나, 이런 생각을 했습니다. 그래서 현재의 고객, 비즈니스 세계는 무엇을 요구하는가? 어떻게 하면 고객의 좋은 평가를 받는가? 제가 아무리 생각해도 답은 똑 같더군요. 그래서 제 마음은 자꾸 급해지더군요. 여러분께 외부에서 나오는 이야기를 빨리 알려야겠다. 고객들의 잘못된 인식을 바꾸기 위해 다같이 더 많이 노력해야 겠다.

그 첫째가 바로 안정된 노사관계가 최고의 경쟁력이라는 사실입니다. 어느 누구에게 물어도 첫 번째 대답은 이것입니다. 두 번째 우리도 빨리 **고객중심의 비즈니스 패러다임으로** 전환되어야 합니다. 그리고 **경영층의 투명하고 진솔한 경영과 솔선수범, 직책 보임자들의 적극적인 리더십 발휘가 필요합니다.** 당연히 우리 앞에 놓인 것은 외주용역의 품질 및 수급능력 확보가 절실합니다.

지난 번 주간 메시지에 홍승태 시인의 시를 같이 음미해 봤지요.

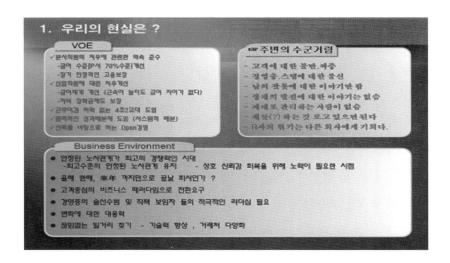

부부간이나 노사간이나 다 젓가락과 같습니다. 하늘이 두 쪽이 나도 갈라져서는 안 되는 것이 부부이고 회사의 노사간입니다. 두 짝이 합심하여 같은 방향, 같은 힘으로 움직여야 제대로 밥을 먹을 수 있습니다. 젓가락 한 짝이 너무 강하거나 약하면 한 짝은 제대로 기능 발휘를 못하지요.

우리 회사는 지난 날 젓가락 한 짝을 흘려버리고 살았습니다. 강한 한 짝으로 밥을 먹어 보려고 했습니다. 여러분! 맛있게 잘 먹었던가요?

아니었습니다. 그래서 제가 이렇게 동반자로서 주인인 여러분을 만나러 왔고 하루빨리 정상적인 젓가락을 만들려고 합니다. 직원과 경영진이 여러분과 제가 합심해야 맛있는 점심을 먹을 수 있습니다.

이 시에 나오는 **젓가락 같이, 부부든 회사든 절대로 버려서도, 무시해서도, 안 되는 한 짝을 항상 생각합시다.**

고객사 에만 기댈 것입니까?
젖소에서 나오는 우유는 한정되어 있습니다

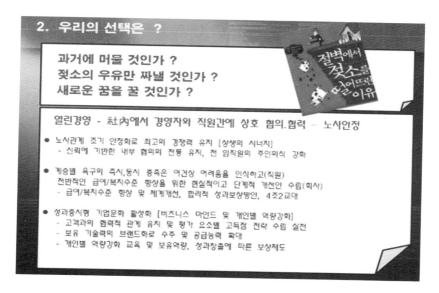

이제 우리가 한 마음이 되었다면 그 다음은 무엇을 해야 할까요? 탈무드에 나오는 〈젖소를 절벽으로 떨어뜨린 이야기〉를 해 드립니다. 좀 긴 스토리지만 지금 우리에게 절실한 현실입니다.

어느 날 저명한 학자이신 스승과 제자가 농촌 마을을 찾았습니다. 그 중에 한집에 가까이 가서 보니, 많은 산림자원과 논밭이 있는데도 그 집은 찢어지게 가난해 보였습니다. 그곳을 다 둘러보고 돌아오는 길에 스승이 제자에게 은밀하게 이야기합니다, **저기 있는 젖소를 언덕아래로 밀어 떨어뜨리라는 지시입니다.** 스승의 지시를 수행하고 난 후 10여년의 세월이 흘러 그 제자는 훌륭한 기업가로 성장하였고 우연한 기회에 옛날 그 마을 그 집을 찾아갔습니다. 그 당시 젖소를 없애버렸던 일이 내심 오래도

록 맘에 거슬려 그 집에 작은 보상이라도 하려는 마음이었습니다. 아 그
런데 이게 어찌된 일 인가요? 그 초라한 초가집은 온데 간데 없고, 튼튼
하고 깨끗한 새 집에 인근 밭에는 면화가 자라는 모습, 한마디로 엄청나
게 부유한 집으로 바뀌어져 있었습니다. 혹시 주인이 다른 분인가 생각하
는 사이에 옛날 그 주인이 나타나 서로 알아보고 인사를 합니다. 그 주인
의 말 "그 때는 매일 그 젖소 한 마리에서 나오는 우유에 온 식구의 생계
를 의지하고 살았었는데, **그 때 그 젖소가 죽고 나자, 새로운 일들을 찾지
않을 수 없었답니다.** 돈이 될 나무를 베어서 큰 목재상에 내다팔고, 그 논
밭에 거름도 많이 넣고 열심히 일하다 보니 지금의 부자가 되었다는 것 이
었습니다. 그전에는 그렇게 좋은 농경지인줄 몰랐다는 것이었습니다. 그
리고 **그 때 그 젖소가 없어진 일이 얼마나 다행한 일인지**" 라고 말입니다.

("알지라 카스틸유 作 / 임소라 역자"에서 인용합니다.)

여쭙겠습니다. 여러분, 주인 여러분! 과거에 머물 것 인지? 옛날의 젖
소의 우유에만 매달릴 것인지? 젖소 한 마리가 줄 수 있는 우유의 양은 한
정되어 있습니다. 마찬가지로 고객사에서도 작업비로 줄 수 있는 금액은
한정적입니다. **매일 고객사를 향해 급여 올려 달라고만 할 것이 아니라,**
(우리가 젖소에만 매달릴 것이 아니라), **새로운 일을 찾아내어 더욱 매출을 늘려
나가는 겁니다.**

새로운 꿈을 꾸지 않으면 더 이룰 것도 없습니다. 모두가 같이 할 수 있
는 꿈[비전]을 만들고 현실로 만들기 위해 같이 가자는 것 입니다. 새로운
매출목표 [도전 1320]를 제안합니다. 올해는 00원 추가매출, 2012년에는
신규매출 00원, 2013년에는 00원으로 매출을 증대해 나가는 것 입니다.

신규매출로 늘어난 영업이익은 주인이신 여러분에게도 상응하는 성과로 배분이 되지 않겠습니까? 그러니까 우리는 이제 젖소에만 매달리지 말고 새로 운 일에 과감히 도전해야 합니다.

우리의 꿈을 실현하려면 상응하는 노력이 필요합니다

여러분은 이 회사의 주인입니다. 저는 여러분의 동반자로서 감히 말씀 드립니다. **열린 경영, 신뢰 경영**을 꼭 실천하겠습니다. 여러분도 모든 문제는 우리 **회사 내에서 저와 상호 협의. 협력하여 노사안정을 앞당겼으면 합니다.**

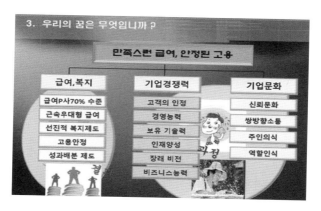

회사는 단계별로 여러분과 꿈을 논하고 그 달성방안을 위해 노력하고, 여러분도 적극 동참하여 성과를 중시하는 기업문화를 활성화시키고, 열심히 일한 사람이 더 많은 보상을 받는 기준을 수립해 나갑시다. 이런 우리의 모습이 적극적으로 우리의 고객에게 비춰질 때 우리는 보다 높은 브랜드가치를 인정받을 수 있으며, 평가 또한 최상을 받을 수 있습니다.

자! 우리가 꿀 수 있는 꿈은 무엇입니까? 제일 좋은 것은, 임금 수준이 여러분이 흡족할 만하고, 또 기업의 분위기가 서로를 존중하고 신뢰하며, 자기역할을 다하는 회사이면서 경쟁력이 뛰어난 회사. 결국 가장 오랫동안 지속되는 회사 말이지요. 그리고 여러분의 고용도 안정되어야 합니다. 맞습니까? 그림을 보시면, 방금 제가 드린 내용을 다 만족하기 위해서는 이렇게 많은 요소들이 충족되어야 합니다.

지금까지 우리가 해온 이야기들은 급여수준의 상향부터, 근속 우대 형으로 된 급여체계, 고용안정 등 도표좌측의 것만 요구해왔죠. 그런데 이 것은 도표 우측에 우리가 필요로 하는 능력과 노력 즉,

"역량과 땀"의 결과인 것입니다.

특히, **급여부분은 OO%도달만이 우리의 꿈은 아닐 것입니다.** 많은 급여, 후생요인 중의 하나 일뿐, 일부일 뿐인데 지금은 이것이 전부인양 우리는 여기에 너무 올인하고 있지는 않습니까? **보다 큰 그림, 보다 넓은 꿈으로 가져갔으면 합니다. 이런 꿈을 이루기 위해서는 경영진의 경영 능력, 직원들의 비즈니스 마인드, 주인의식을 바탕으로 한 계층별 역할수행, 그리고 회사의 가치를 높여줄 기술력, 개인의 역량 등이 필요하며, 그것을 고객들이 인정해 주어야 하는 것입니다. 이런 과정이 전 구성원의 합심으로 원만히 이뤄진다면 좌측의 결과물은 자연스럽게 따라오지 않을까 생각합니다.**

그리고 이제 우리 OOO은 신규 창업이라 생각하셔야 합니다. 사장도 바뀌었고 소통의 문화도 바뀔 것입니다. 물론 여러분의 주장이 틀렸다고 단정적으로 무시하지는 않겠습니다.

계속해서 상대방이 해줄 것만 주장하기 보다는 우리가 할 수 있는 것, 해야 할 것을 찾아서 나가야 합니다. 그리고 더 많은 노력을 보여서 내년

에는 더 나은 보상이 오도록 주변여건을 우리에게 유리하도록 만들어야 합니다.

비전과 달성을 위한 구체적인 실천계획이 필요합니다

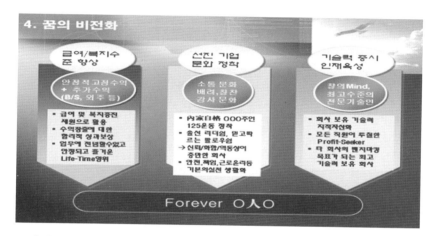

이제 지금까지 말씀 드린 내용을 조심스럽게 재정리했습니다. 결과적으로 우리의 비전입니다.

안정된 고정수익과 성과보상금의 파이를 늘려 전반적인 급여수준을 향상시키고, 이를 위한 선진기업문화(소통, 배려, 신뢰, 칭찬, 감사의 문화)를 정착시키면서, 회사의 보유기술력을 지적 자산화하고 직원들의 역량을 높여 영구적인 경쟁력을 갖춘 〈O人O〉로 만들자는 것이 우리의 꿈이자 비전이라고 생각합니다

우리 꿈, 비전을 실현하기 위해서는 해결해야 할 난제들이 있습니다. 이 과제들은 기본계약 의존의 한계성, BS과제의 추가발굴 부진, 외주 작

업의 품질 열위 경향, 외주작업 변동성 상존 등입니다.

물론 힘드시겠지만 우리는 미래를 위해 과제발굴, 수주확대, 작업품질 향상 등을 경영진, 직원 구분 없이 폭발적인 열정과, 창의성으로 달려 나가야 합니다.

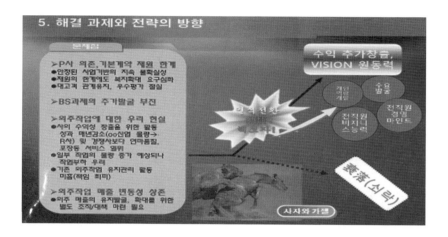

"밀림의 왕 사자도 매일 살아남기 위한 일과를 시작합니다. 여유가 있어 보이지만, 가젤보다 빨리 달리지 못하면 사자는 사냥감을 보고도 굶게 됩니다. 동물의 왕이라고 여유만 부리고 있는 게 아니라 상대방보다 더 빨리 더 힘차게 매일 달려야 살아남는다는 것 입니다.

하물며 우리는 동종업계에서 왕도 아닙니다. 오히려 이제부터는 우리와 경쟁하는 업체가 더 늘어날지도 모릅니다. H사의 O정비도 언젠가는 자기들이 직접 한다고 할지도 모릅니다. 아직도 옛날 생각에만 젖어있겠습니까?

도달목표와 함께 우리가 수확할 果實도 생각해 봅시다

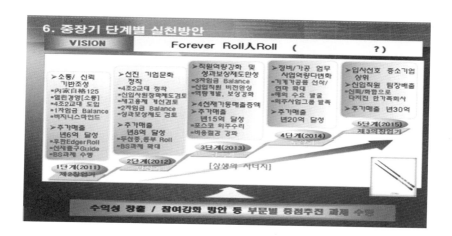

2011년 올해를 OOO 제2의 창업기로 봅시다. 여러분과 제가 합심 하여 먼저 소통/신뢰의 기반을 조성하고, 비즈니스 마인드를 강화하는 원년으로 삼읍시다. 올해는 임금의 1차적 조정기로 생각합니다. **추가매출 00원의 목표를 잡아 봅시다.** [비전1105]

2012년 내년에는 선진기업문화정착을 목표로 삼고, 교대근무를 선 순환 구조로 만들고, 신입사원에 대한 비전을 강화시키는 방안과 함께 성과보상의 선진화도 만들어갑시다. 이때쯤은 2차 임금 조정을 거쳐 보다 희망하는 선에 접근시킵니다. 그리고 **추가매출규모를 약 00원으로 잡아 봅니다.** [비전 1210]

2013년에는 직원들의 역량강화를 중점적으로 추진합니다. 신입사원 육성과 비전을 공감토록 하며 **3차 임금조정을 거쳐 희망수준의 급여를 꿈꾸어봅시다.** [비전 1320]

2014년 우리도 발상을 전환하고 사업영역 확대를 검토하여 새로운 도약의 시기로 삼읍시다. 별도 사업그룹도 조직화시키는 작업을 검토해 봅니다. 특히 고객사의 신설비가동으로 우리의 살림을 좀 늘릴 수 있습니다.

2015년쯤 되면 2005년 이후 입사한 신입사원 중에서도 팀장이 배출되어야지요. 이 때쯤이면 추가매출을 **한 00 정도로 잡아봅니다. [비전 1530]. 최종년도인2016년에는 꿈의 [O人O 비전 1650]이 완성됩니다.** 최종 00 원의 추가매출을 목표로 도전합시다. 그리고 그 과실을 우리가 풍족하게 수확합시다.

당연히 이 목표의 달성은 여기 계신 여러분과 저의 공감, 협력, 동참이 필요합니다. 혼자서는 절대 못하지요. **젓가락 두 짝의 교훈에서 보듯이, 최종목표의 달성은 쌍방의 마음이나 노력의 정도가 일치해야 합니다. 계획한 만큼 수확을 못하면 수입은 당연히 줄어 드는 것임을 절대 잊어서는 안 됩니다.**

리더들에게 당부합니다 (사장의 엄정한 업무지시)

그리고 리더 여러분!

나폴레온이 잠을 정복하지 못 했다면 그는 코르시카 섬의 어부에 지나지 않았을 것이고, 징기스칸에게서 열정을 뺐다면 그는 이름없는 양치기로 생을 마감 할 수도 있었습니다. 리더 여러분은 우리회사의 나폴레온, 징기스칸이 되어서 잠을 정복하고 열정을 키워야 합니다. 리더 여러분은 동료들의 잠과 열정까지도 같이 관리하겠다는 각오가 필요합니다.

몇몇 연약하고 불평 많은 직원들과의 설득에서 이겨야 합니다. 그리고 직원들의 불평을 두려워해서는 안됩니다. 리더란, **책임자란 그래서 어려**

운 것 이지요. 리더 여러분의 솔선수범이 없이는 우리의 미래도 없습니다.

이것은 여러분과 같은 회사에 다니는 동료로서의 부탁이기도 하지만, 230여 직원의 장래를 책임진 리더로서의 역할을 이야기 하는 것입니다.

그리고 **사장으로서의 엄정한 업무지시**입니다. 근로자의 권리도 있지만, 경영자의 경영권도 존중 받아야 하고, 관리자의 책임과 의무도 준수되어야 합니다.

지금까지 말씀 드린 내용을 다시 한번 요약해서 강조 드립니다

긴 시간 동안 꽤나 많은 것을 말씀 드렸습니다. 지금 이 밤은 우리 〈울회사〉에 너무도 중요한 시간입니다.

첫째, 저는 여러분을 주인으로 섬기는 동반자라고 했습니다.
둘째, 젓가락에서 배우자고 했습니다. 서로간에 믿고 동참하는 우리 스스로의 노력이 필요합니다. 소통이 필요합니다.
셋째, 우리를 보는 주변의 곱지 않은 시선을 바꾸자고 했습니다.
넷째, 과감히 새로운 매출목표를 잡았고, 그 과실은 성과로 공유코자 했습니다. [꿈의 비전 O人O 1650]을 여러분과 함께 달성키로 했습니다.

마지막으로 여기 계신 리더들의 책임을 강조했습니다.
그리고 사장의 경영권도 존중해 주시기를 당부 드렸습니다.

오늘 오신 가족 분들은 자주 뵙기가 쉽지는 않습니다. 하지만 내년에도 가족 분들을 오늘보다 더 행복한 자리로 모실 것을 약속 드립니다.

감사합니다.

리더의 Remind 특강 [125와 1650을 아십니까?]

지난 가족간담회시 제가 직접 여러분과 긴 시간 동안 "CEO특강" 이란 명목으로 말씀 드렸지만, 일정기간이 경과한 시점에서 다시 한번 강조할 필요가 있습니다. 1650은 우리가 가려고 하는 목표이자 비전 이고, 125운동은 그 목표에 도달키 위해 우리가 실천해야 할 지침입니다.

추가매출을 올리고 그것을 통해 우리가 성과금을 나눌 수 있으려면, 우리는 어제와 다른 특별한 뭔가를 해야 합니다.

열 번 이야기 하지 않으면 한번도 말하지 않은 것과 같다고 합니다.

그래서 저는 수시로 여러분께 아래 내용을 이야기 할 겁니다.

OOO의 주인이신 여러분!

〈회사의 주인 되기 125 운동〉을 잘 실천하고 계십니까?

· 어제는 혹시 본인이 OOO의 주인으로서 행동하고 생활했는지 반성해 보셨는지요? [1번이상 반성하기]
· 주변과 어울려 활동하시는 동안(12시간정도), 매 1시간에 한 번 정도는 옆 사람을 칭찬하거나, 배려하거나, 사랑하거나, 감사하다는 표현을 하면서 지내셨는지요? [하루에 12번 긍정적인 말하기]
· 일과가 끝 난 후, 그 날 하루 한 일을 정리해보거나, 책을 읽거나 특별히 자신의 앞날을 위해 약 2시간정도의 시간을 할애하셨는지요? [하루 공부시간 125분]

위 세가지 질문에 그렇다고 고개를 끄덕일 수 있다면, **당신은 진정으로 "OOO 주인 되기 125운동"을 실천하시는 분입니다.**

사장으로 취임한 후 여러분과 대화 시에 항상 말씀 드린 내용입니다.
오늘 〈OOO 비전1650〉을 다시 강조 말씀 드립니다.

여러분이 진정 OOO의 주인이라면 이런 비전을 가지고 일해야 합니다. 우리 직원들은 다른 누구보다 기술력이 뛰어나고 열정이 있는 직원이라고 우리 스스로는 생각합니다. 그래서 보다 높은 프라이드와 그에 버금가는 복지급여 수준 등을 희망해 왔습니다. 그렇지만 세상이 그리 녹녹하지 않아 우리의 혁신적인 변화와 노력이 없는, 속말로 희망은 희망사항으로 끝날 지도 모릅니다.

비전 1650은 2016년에는 우리의 부가매출액을 더욱 올려보자는 것입니다. 여러분은 제가 취임한 이래, 작년에 이어 올 상반기를 거치면서, 우리가 창출한 가치가 우리를 윤택하게 하는데 크게 기여하고 있음을 느꼈을 것이라고 생각합니다. 우스개 소리로 살림 좀 나아진 것 같지 않습니까? 내년, 그리고 2016년에는 지금보다 더 큰 수익을 기대하고 노력해야겠습니다.

금주부터 현장을 다니면서 여러분과 "비전1650" 이라는 공통의 언어로 이야기하고자 합니다. 우리가 이룰 가치는 무궁무진 합니다. 외부의 경기가 어려운 이때가 우리에겐 기회가 될 수 있습니다.

그런데 이 비전은, 사장, 기술실장 어느 한 사람의 능력으로 이뤄 지는 것이 아닙니다.

주인이신 여러분의 동참이 필요합니다.

승자의 저주를 아십니까? (2011년도 임금협의후)

우리 OOO은 9월말에 임금협의를 완료하고, 지금 경영설명회 겸 임금설명회를 실시하고 있습니다. 직원, 회사가 상호신뢰로, 원원하는 회사가 되기로 협의하였고 향후 경쟁력을 지속할 것을 약속하였습니다.

물론 임금협의 과정에는 직원대표와 회사가 격론을 벌여가며 토론도 하고, 상대방의 입장을 몰라준다고 속상해 한 적도 있습니다만, 지금은 한마음으로 급여수준과 임금체계를 발전적인 방향으로 완성하였습니다. 어느 한쪽만의 일방적인 승리가 아닌 상호원원하는 회사의 미래비전을 만드는 계기가 될 것 입니다. 향후 OOO은 가장 경쟁력이 있는 회사, 직원의 가치를 존중하는 회사로 영원할 것임을 확신합니다. 사랑합니다. 여러분!

경제학 용어 중에 "**승자의 저주**"라는 말이 있습니다. 이는 M&A과정이나 경매의 투찰 과정에서 과도한 비용을 지불함으로써 야기되는 승리한 기업 또는 개인의 후유증을 말합니다. 당연히 그 순간의 경쟁에서는 분명히 이긴 승자이긴 하지만, 그 승리를 위하여 능력이상의 비용을 지불한 결과 경쟁력에 큰 손실을 입거나, 장래의 큰 발전동력을 상실하게 되는 상태에 이른 경우입니다. 결국은 경쟁의 결과 얻어낸 것의 내재적인 가치가 지불한 비용보다 모자랄 수도 있기 때문입니다.

최근에는 이 이론이 노사관계나, 임금협의 등에 적용되기도 합니다. 강력하고 투쟁적인 직원 대의기구가 회사를 상대로 지불능력 이상의 임금, 복지수준을 요구하고 과도한 결과를 얻었을 때는, 직원 입장에서는 일순간 많은 것을 얻은 승리자의 입장이 됩니다. 그러나 회사는 지불능력을 초과하는 지출 때문에 경쟁력을 잃게 됩니다 (직접적으로는 도산우려, 간접적으로는 경영수지악화나 대외 신뢰도 하락으로 수주감소 등). 결국 회사의 경쟁력 약화는 2-3년후 직원에게 직접 타격을 입히는 나쁜 결과로 귀결됩니다.

이솝 우화 중에 황금알을 낳는 거위이야기도 잘 아실 것입니다. 알을 매일 하나씩만 낳아주는 거위를 잡아서 한꺼번에 황금알을 얻자는 생각이었지만, **거위의 죽음은** (결국 회사의 도산, 경쟁력 위기) 사람(직원) 에게도 엄청난 손실을 가져다 줍니다. 거위를 잡아서 뱃속에 든 몇 개의 알까지 한꺼번에 얻을 수 있어 승자가 된 것 같지만, 거위가 살아있는 동안 매일 얻을 수 있는 알은 이제는 없어졌습니다. 이것도 "승자의 저주"의 한 예라고 봅니다.

"아빠도 돈 없잖아?" 사장도 직원도 모두 울었다

대기업 직원의 사연. 남의 일로 생각할 수 만은 없습니다. 인터넷 상에 나온 이야기를 인용합니다. 사장과 직원 다 함께 공감하는 시간 이길.

"아빠도 돈 없잖아?" 사장도 직원도 모두 울었다. [데일리안 박영국 기자] RRSS는 국내 자동차 시장을 무대로 한 오국지(五國志)에서 한참 고전 중이다. 몇 번의 전투에서 밀리며 영토의 상당 부분을 내놓았고, 최근에는 가장 만만한 상대에게도 패했다. 최근 RRSS 사내 게시판에 올라온 리더 메시지 동영상을 접한 직원들은 하나같이 눈시울을 붉혔다.

"딸한테 용돈을 줬더니 다시 돌려주더라고요. 아빠도 힘든 거 아는데 받을 수 없다고 합니다"

OOO 사장이 전한 한 일선 영업사원의 얘기다. 영업 현장을 돌며 판매 현황과 현장에서의 고충을 체크하다 이 같은 얘기를 전해들은 것. 전황이 불리해지면 가장 힘든 것은 최전선의 병사들이다. 자동차 회사에서 최전선에 선 병사는 영업사원이다. 특히, 대부분의 영업사원이 실적에 따른 인센티브를 주 수입원으로 하고 있는 RRSS의 특성상, 회사의 실적 악화는 영업사원들의 생활고로까지 이어진다.

딸에게 약한 모습을 보인 동료의 가슴 아픈 사연은 가뜩이나 독기를 품고 있던 RRSS 직원들의 가슴에 불을 붙였다.

여러분! 그렇지만 두 달 후 신문지상에는 RRSS 희망퇴직 실시라고 기사가 실렸습니다. 얼마나 힘든 상황인지 잘 알 수 있는 상황입니다.

무더위를 씻어주는 시원한 소식이 있어 전합니다

여러분! 다 같이 축하해 주십시오. 드디어 우리 회사에도 기능장 자격 취득자가 나왔습니다. OOOO1그룹의 OOO님께서 압연기능장을 취득 하셨습니다. 직원이 우수하면 회사에 도움도 되지만, 결국은 모든 이익이 개인에게 돌아갑니다.

전 직원과 함께 다시 한번 축하 드립니다. 축하 포상금도 듬뿍…

평소 일과 학습을 다 같이 열심히 한 결과 지식근로자의 표상을 보여 주셨습니다.

우리는 모두들 맡은 바 일은 열심히 잘 합니다.

하지만 안타깝게도, 본인이 해온 일을 체계적으로 정리함으로써 새로운 방법으로의 개선, 개발 등으로 연결하는 것에는 우리가 좀 소홀하지 않았나 생각합니다. 그러다 보니, 여러분이 20년 내지 30년에 걸쳐서 습득하신 많은 노하우가, 여러분의 퇴근과 동시에 이 작업장에서는 끊어지게 됩니다.

다음 근무자나, 다른 후배사원이 그 일을 맡으면 처음부터, 기초부터 다시 파악하고 공부해야 합니다. 체계적으로 정리하여 다른 사람과 공유하지 못한 때문입니다.

학습과 자격증 취득 등은 이런 부분에 매우 큰 도움이 됩니다. 이론적으로 잘 설명할 수 있고, 자신감이 생기고, 또 경제적인 이점도 생깁니다. 기능장을 취득한 지식과 열정으로 울회사의 기술력을 발전 계승해 가는데 최선을 다해주시기를 희망하는 바입니다.

다시 한번 축하합니다.

리더의 역할1 - 리더는 반드시 불편해야 한다

리더는 반드시 불편해야 합니다. 리더가 불편함으로써 구성원이 편해지기 때문입니다. 반대로 리더가 편하면 다른 구성원은 불편하다는 사실을 절대로 잊지 말아야 합니다. 즉 리더의 생각과 행동이 외롭고 힘들다 해도, 이로 인해 구성원이 편하고 행복해질 수 있다면 반드시 그에 따라야 합니다. 반대로 리더가 편하고 부족함이 없으면서 다른 구성원이 불편함을 느끼는 일은 절대로 없어야 합니다. 리더에게 좋다고 구성원 모두가 좋아할 거라는 착각은 반드시 버려야 합니다.

그런데 구성원이 싫어할 수도 있지만 구성원에게 나중에라도 혜택이 돌아갈 일은 리더가 욕을 먹더라도 반드시 해야 합니다. 리더는 욕 먹는 것을 두려워해서는 안됩니다. 예를 들면 안전수칙을 지키면서 작업하는 것이 구성원에게는 불편하고 시간이 많이 걸릴 수 도 있습니다. 그것 때문에 리더가 양보해서는 안됩니다. 구성원이 안전하도록 지켜주는 것은 리더의 책임입니다.

또 구성원들은 자기가 해오던 대로의 방식으로 일하는 것이 더 편할 수도 있는데, 굳이 리더가 시키는 스마트한 방식, 고부가가치의 일, 성과를 내는 일에 대해 구성원은 불평불만을 쏟아내며 실천을 거부할 수도 있습니다. 이때가 진정으로 리더가 필요한 시기입니다. 리더도 같이 편안함만을 추구하고 옛날 것에 젖어 있다면 그 조직은 죽은 조직이 됩니다. 쉽게 말해 돈이 안 되는 조직입니다.

리더들이여!! 구성원들이 스마트한 일, 고부가가치, 돈 되는 일을 하도록 독려 하십시오. 거기에 〈올회사〉의 미래가 있습니다.

당시 〈올 회사〉는 리더들의 열정이 요구되는 상황이었다. 〈J 모〉 그룹장이 이끌어 준 리더들의 원칙 지키기와 열정이 큰 도움이 되었다. 회사 경영에도 크게 기여한 바 있다. 지금도 스스럼없이 전화를 주고받으며 그 때 이야기를 나누는 마음이 너무 고맙다

리더의 역할 2 - 리더는 발품으로, 동료끼린 입품으로
동료의 안전과 건강 우리가 꼭 챙겨야 할 덕목입니다

〈울회사〉의 주인 여러 분! 지난해는 행복한 시간을 가지셨습니까?
이제 4일후면 민족의 큰 명절 설날입니다. 명절연휴 동안 가족들과
오붓한 시간을 가지면서 큰 사랑 느끼시고 모두들 많은 웃음으로 건
강 유지하세요. 또 가족의 큰 사랑을 느낀 만큼, "본인의 몸"은 본
인과 가족 모두에게 더없이 소중함을 깨닫는 시간이 되시기를 소망
합니다. 이번 명절 후 우리 직원들 자신의 몸을 보다 안전하고 건강
하게 관리하는 가족사랑의 실천자가 되시기 바랍니다.
발품 / 입품 꼭 실천합시다.

2012년 최고의 가치는 2011년에 이어 안전임을 누차 밝힌바 있습니다.
누군가와 이런 총론적인 이야기를 해보면 당연히 공감하고 모두가 이뤄내
야 할 과제임을 잘 알고 있습니다. 그런데 막상 작업에 임하여 각자가 일
을 하다 보면 그 큰 안전이라는 가치는 잠시 잊어 버리고, 그 순간의 편안
함, 신속함에 자신을 맡기고 맙니다.

또 누군가 폐암에 걸렸고, 누구는 급성 OO병에 걸려 어떻고 라는 이야
기를 하다 보면 모두들 건강의 중요성에 대한 큰 가치를 이구동성으로 말
합니다. 그런데 막상 개인적인 삶으로 돌아오면 자신의 그 소중한 몸을
온갖 몸을 망치는 요소에 찌들게 됩니다. 폭음으로, 흡연으로… 아니, 일
부러 제 몸을 태워 죽이려는 사람 같습니다. 어리석은 불나방이 불로 뛰

어드는 현상 같은가요?

본인이 못할 때를 대비하여 주변의 동료나 리더의 동료 아낌(사랑)과 인간존중 활동이 필요합니다, 먼저 안전한 OOO 작업장을 위한 역할을 제안하오니 자신의 안전지킴이로서의 역할을 부탁 드립니다.

"부하직원을 편안하게 해주는 것이 인간존중이 아닙니다." 동료직원이 하는 데로 하도록 내버려 두는 것이 배려가 아닙니다. 부하직원이나 동료직원이 안전수칙을 철저히 지켜서 자신의 몸을 다치지 않도록 해주는 것이 인간존중이요. 동료에 대한 배려입니다. 결국 작업장에서는 안전수칙을 지키며 작업하는 불편이 커지는 만큼 인간존중, 동료 사랑이 커져 갑니다.

그래서, "리더는 발품으로, 동료는 입품으로 직원을 지켜야 합니다."

흡연도 마찬가지입니다. 90을 바라보는 평균수명의 단축요인이 흡연입니다. 여러분 오래도록 건강하게 여러분과 함께 하고 싶습니다. 흡연에 대한 지적도 리더와 동료의 사랑의 표현입니다. 사랑합니다.

여러분이 일찍 돌아 가신 후 어린 자녀들만이 남아 어려운 생활을 한다고 생각해 보세요. 얼마나 끔찍한 상상인지 !

여러분이 건강해야 가족을 지킵니다.

금연은 내 몸 사랑, 가족 사랑의 실천입니다.

이번 설날 가족 앞에서 다짐한 번 해주세요. 다짐하신 분들 댓글 좀 달아주시고요….

구성원을 위한
· 공통분모(다같이 幸福한) ·

많은 조직에서 극단적인 성과주의의 그늘로 구성원들이 삶의 여유를 찾지 못함은 매우 안타까운 일이다. 제대로 된 리더는 다같이 행복하고 미래에도 도움이 되는 〈공통분모〉로 소통할 줄 알아야 한다.

이 장에서는 〈동료와 조직에 대한 감사, 자신이 가진 모든 것에 대한 감사, 서로 다름에 대한 인정, 어려운 이웃에 대한 배려, 잘 한 것에 대한 칭찬, 이등·삼류에 대한 존중〉이 필요함을 서술해 보았다. 무엇보다도 행복은 일상 속에서 받아들이고 느낄 줄 아는 능력임을 알리고 싶었다.

누구나 다 이런 사실을 잘 알고 있다. 그러나 어렴풋이 알고만 있을 뿐, 확신을 가지고 실행하지 못한다. 〈다같이 행복하기 위한 공통분모를〉 구성원에게 전하고 권하고 때론 지시하여 따르게 하는 자가 진정한 리더이다.

초록이 싱그러운 세 잎 클로버를 평소에 즐기세요. 그러다 섞여 있는 네 잎 클로버를 만난다면 그건 〈행복한 삶〉에 보너스로 찾아온 〈행운〉이라 보면 될 것입니다.

네 잎이 나에게 없다고 해서 부족한 건 없습니다. 행운이라는 허상

을 좇아 네 잎 클로버를 찾아 헤맬게 아니라, 언제나 생명력이 넘치
는 클로버 자체를 〈행복〉으로 알고 만족할 줄 아는 지혜가 필요합
니다.

리더 행복론 1 : 네 잎 클로버와 세 잎 클로버

"네 잎 클로버의 꽃말은 幸運이라고 합니다. 그러면 세 잎 클로버의
꽃말도 있을까요? 당연히 있지요. 세 잎 클로버의 꽃말은 幸福이라
고 합니다." 며칠 전 어느 TV프로그램을 시작하면서 진행자가 한
말입니다. "갑자기 웬 클로버?" 하고 생각에 잠기다가, "아! 그렇구
나!" 하고 제 생각이 정리되었습니다.
그 순간 제게 전해진 느낌입니다. 여러분과 공감하고자 합니다.

풀밭에 지천으로 피어있는 클로버는 거의 세 잎 클로버입니다. 비록 세
잎 짜리라도 파릇 파릇한 잎은 생명력이 강해 보이고 또 흰 꽃잎과 어우
러져 누구나 한번 정도는 탄성을 지르게 됩니다. 클로버를 보면서 우리가
주변에서 미처 느끼지 못한 작은 행복들을 생각합니다. 그렇지만 어떤 이
들은 클로버만 보면 더 큰 행운을 좇아 유독 네 잎 클로버만을 꿈꾸며 풀
밭을 헤매게 됩니다.

우리가 일상생활이 클로버를 찾는 것과 너무도 많이 닮은 것 같지 않습
니까? 주변에 미처 눈치 못 챈 작은 행복이 우리를 지켜주는데, 그것을
모르고 더 큰 행운만을 찾고 있지는 않는지요?

행복은 살그머니 찾아 왔다 소리 없이 떠난다고 합니다. 우리 주변을 채워주는 작은 행복들을 행복이라 못 느끼며 허송세월 하다 보면, 그 작은 행복은 우리를 떠납니다. 행복을 꽉 잡지 못한 사람은 엄청난 불행만은 움켜지고 놓지 않는다지요.

리더 행복론 2 : 幸福과 不幸 사이

주변의 많은 작은 일 들에서 행복을 느끼기를 바랍니다.
장석주님의 "마흔의 서재"에서 본 기억에 남을 글귀를 올립니다.
행복과 불행에 관한 훌륭한 가르침이라 생각됩니다. 읽고 또 읽고
다시 한번 읽어 봅시다. 아 그렇구나 무릎이라도 치면서 느껴봅시
다. 여러분! 새해에는 더욱 많이 행복 하시기를 바랍니다.

不幸한 사람의 특징은 그냥 不幸한 것이 아니라
몹시 不幸 하다는 것 입니다.
그들은 심장이 두근대는 幸福한 순간을 꽉 틀어쥐고
제 것으로 붙잡지 못하고 흘려 보낸다.
행복은 팡파레를 울리며 거창하게 다가 오는 줄만 안다.

아니다.
幸福은 살그머니 왔다가 살그머니 사라진다.
幸福한 순간들을 놓치는 사람들이 정작 걱정거리들은
어디로 도망갈까 두려운 듯 꽉 움켜쥔다.

요컨대 幸福은 "조건"의 문제가 아니라
받아들이고 느낄 줄 아는 "능력"의 문제다.

리더 행복론 3 : 복권200% 즐기기

지난 한 주 어떻게 보내셨나요? 지난 주가 정말 힘들었다고 느껴지는 분, 쉼 없이 압박하는 사장이나 윗 사람이 미워지는 분은 아래의 방법을 딱 한번만 써 보셔요. 사장이 권할 방법은 아닐 수도 있지만, 단 며칠이라도 작은 기다림, 행복감 속에 살 수 있다는 복권 즐기기 입니다. 너무 자주 하지는 마세요. 글구 복권 살 돈은 사장에게 요구하지는 마세요. 딱 1000원이면 되거든요. 딱 한 장만 구입해서 가장 깊숙한 곳에 숨겨두고 매일 혼자서만 열어 보세요. 그리고 외쳐보세요

이제 3일밖에 남지 않았다. 맘대로 해봐라.

복권구입이 금전적으로 합리적인 선택이 아님을 많은 사람이 안다. 그럼에도 복권이 많이 팔리는 것은 "희망"이라는 심리적 기능 때문이다. 이번 주말에 꼭 당첨될 것 같은 복권을 지갑 깊숙이 간직하고 있을 때, 우리는 나지막이 중얼거릴 수 있다.

경제적 어려움을 주는 세상에게,

뭐라고 소리치는 상사에게, 나를 한심하게 보는 배우자에게,

도저히 미래가 보일 것 같지 않는 자식에게 아주 조용히….

"이제 3일 남았다. 한번 마음대로 해봐라."

복권은 매주 딱 1000원 한 장만 사자. 어차피 당첨 안될 사람은 아무리 많이 사도 당첨되지 않는다. 중요한 것은 타이밍이다. 이왕 살 복권이라면 빨리 살수록 이득이다. 일요일 아침에 사면 그 상상의 즐거움을 다음주 토요일까지, 일주일 동안 누릴 수 있다. 마찬가지로 당첨확인은 일요일 아침에 해야 한다.

그것도 다음주 복권을 산 다음에 그래야 지난 주 산 복권이 당첨 안된 섭섭함을 새로 산 다음 주 복권에 대한 희망으로 버틸 수 있다. **그래도 당첨이 안되면, 어려운 이웃을 위하여 복권구입비가 쓰여졌음에 만족하면 된다.**

1주일을 행복하게 해준 연금복권 감사합니다

어느 분이 따님의 결혼식 이후 복 많이 받으라며 전해준 연금복권입니다. 매일 매일 행복한 시간의 연속이었습니다. 만약 당첨된다면!

이걸 전해준 사람에게도 일정액을 나눠줄까? 아님, 우리 회사 직원들 모두의 자녀를 위한 장학금으로 기부할까? 우리 형님 정말 어렵게 사는데 마누라 몰래 형님에게 다 드릴까? 어린이 재단에 매월 한100만원씩으로 올려 기부 할까? 아니면 회사 그만두고 나 혼자 조용히 연금 받으며 숨어 지낼까?

일주일간 화장실에 가서도 열어 보고, 혹시 지갑에서 흘리지나 않았는지 확인해보는 즐거움이 있었습니다.

오늘 결과를 확인했습니다. 역시 꽝입니다. 정말입니다. 혹시 나에게 복권 주신 분이 나눠 달랠까 봐 거짓말 하는 거 절대 아닙니다.

그래도 너무 감사합니다. 1주일간 매 순간 기대감으로 행복한 시간을 보내게 해준 연금복권 감사합니다.

전해주신분 정말 감사합니다. 너무 행복했습니다…

여러분! 정말 죽고 싶은 분 계세요. 쉽게 죽는 방법 가르쳐 드립니다.
500원짜리 즉석복권 긁지 말고 가지고 계시라고요.

결과는 ➡ 궁금해 죽습니다

한국에만 있는 병 감사 나눔으로 치유하자

자살률 1위, 이혼율1위, 저출산율 1위, UN행복보고서 행복순위 56위인 나라가 있습니다. 바로 우리들이 살고 있는 대한민국입니다.

또 우리나라에만 있는 병도 있습니다. 사촌이 땅을 사면 배가 아픈 병과 화병 이라고 합니다. 그 중에서도 화병은 한국말 발음 그대로 의학사전에 등록되어 있다고 합니다. (물론, 저는 의학사전 확인은 못해봤지만…)

왜 이런 일이 생겼을까요? 우리가 많이 쓰는 말에, "못살겠다. 죽겠다. 성질 난다, 환장하겠다" "저만 잘난 줄 알아" 등 부정적이고 스스로를 힘들게 하는 말 때문입니다. 또 남에게 관심 두기, 칭찬 한 번 하기가 그렇게 싫은 모양입니다. 이런 우리의 언어습관과 감정들이 우리 모두를 병들게 하고, 우리 사회를 멍들게 한 것 같습니다.

〈아브라카다브라 – Abracadabra〉란 말이 있지요. 히브리어로 "말하는 대로 이뤄진다"는 뜻이라고 합니다…. 마술사들이 주문으로 사용하기도 합니다. 정말로 "죽겠다"를 만번만 외치고 나면 마지막 말이 끝나자마자 죽는다고 합니다. (궁금하신 분 TEST하시기 바랍니다).

그렇다면 우리가 "죽겠다, 딱 힘들다, 배 아파"만 외치며 살 것인지, "고맙습니다. 감사합니다, 잘 될 것입니다"를 서로 나누면서 우리의 앞날을 밝게 만들 것인가는 묻지 않아도 자명한 이치입니다. 칭찬하고, 사랑하고, 배려하세요. 그러면 감사가 자연이 뒤 따를 것 입니다. 그런데 이런 칭찬, 감사는 가족에게 가장 먼저 하셔야 합니다. 당신의 도움으로 여기까지, 감사해요. 당신이 가장 멋있어. 사랑해요 등.

분노조절장애, 화 다스리기

우리가 저지른 모든 악행은 분노(화)에서 시작된다고 합니다. 최근 우리나라에도 순간적인 분노를 참지 못해 벌어진 분노범죄가 많아, 우종민(백병원교수)는 "욱하는 대한민국"이라는 말까지 사용하셨군요. 많은 사람들이 분노조절장애를 겪고 있답니다. 분노는 중독성이 강하지만, 다행히도 분노호르몬이 계속 상승하는 것은 아니라고 합니다. 약 15초에 정점을 찍은 후 자연분해가 시작된다고 합니다.

그래서 자연분해장치가 가동될 때까지 기다릴 수만 있다면 문제는 많이 해결될 것입니다. 세네카의 화 다스리기에서 긴급 처방을 정리해 봤습니다. 화가 날려고 할 때 다음의 처방을 마음에 새기면 도움이 될 것입니다.

1) 화를 다스리는 가장 좋은 방법은 잠시 멈추는 것입니다.
2) 화는 "나는 잘못이 없다"는 착각에서 비롯됩니다.
3) 화의 시작점은 하찮은 일이었음을 깨달아야 합니다.
4) 화를 내면서 살기에는 인생은 너무 소중한 시간이며 짧습니다.

용서받을 수 있는 거짓말 - 격려, 배려, 감사를 위한 표현

이번 주는 감사운동의 열풍이 불고 있기에, 상대방의 행복을 빌어 주고, 격려하고 감사하는 표현방법에 대한 이야기로 가볍게 시작합니다. 아래 내용은 어찌 보면 웃어 넘길 수 있는 약간의 아부성 발언, 느끼해 보이는 멘트이지만 이것이 세상을 가장 성공적으로 사는, 또 가장 행복하게 사는 지혜인 것 같습니다. 잘한 것은 상대방의 공으로 돌리는 모습 속에 성공한 인생의 여유가 느껴지지 않습니까?

세상에는 용서받을 수 있는 거짓말로 두 가지 경우를 꼽고 있습니다.

첫째, 누군가 이미 구입한 물건에 대해 상대방의 의견을 물을 때는 설령 그 물건이 나쁘더라도 훌륭한 물건을 잘 구입했다고 거짓말을 해도 좋다는 것입니다. 그 물건으로 인해 행복해 하는 마음을 굳이 짓 밟을 필요가 없다는 진리 때문입니다.

둘째, 친구가 결혼했을 때, 신부가 정말 대단히 미인이며 행복하게 살

것이라는 거짓말을 해도 좋다는 것입니다. 당연히 친구 가정이 행복해 지기를 바라는 마음 표현일 것입니다.

영화감독 정초신이 부인에게 프로포즈할 때 사용해서 가장 효과를 본 표현이라는데… "나는 착한 남자가 아닙니다. 좋은 남자도 아닙니다. 하지만, 당신이 죽는 날, 가장 좋은 남자, 착한 남자였다고 착각하게 해줄 수는 있습니다."

황정민의 연기대상 수상소감이 세간에 회자된 바 있습니다. "나는 한 것이 아무것도 없습니다. 스텝들이 차려 놓은 밥상 위에 숟가락만 올려 놓은 것 뿐입니다. 도연아! (전도연을 향해) 너랑 같이 연기를 한 것이 내 인생에 최고의 순간이었어"

이런 거짓말은 매일 해도 처벌 받지 않습니다. 행복한 세상을 만듭니다.

느림의 미학

오늘도 다시 한번 되 뇌입니다. 기다려라! 느리게! 조금만 더 느리게! "느리게 더 느리게"가 하버드대와 베이징대의 행복학 강의과목으로 되었답니다. 저는 성질이 무척 급한 편입니다. 일부러 그렇지 않은 척 노력하는 편입니다.

오늘은 우리의 행복을 결정하는"느림의 미학"에 대한 이야기를 옮깁니다. 느림관련 서적을 통하여 인생의 많은 가르침을 주신 저자들께 감사드립니다. 성질 급한 리더들은 아래의 제 아이디어가 어떤지요.

간혹 주말이나, 야간에 불현듯 엄청난 아이디어가 떠오를 때가 있습니다. (물론 대부분 혼자만의 착각인 경우도 많습니다만) 잊지 않으려 메모를 하지만 다음 날까지 기다리기가 힘듭니다. 저처럼 무척이나 성격 급한 리더들을 위하여, 자신은 급한 마음을 보상받고, 대신에 상대방은 여유를 가질 수 있는 방법을 공유합니다. 사실 별 것 아닙니다. 본인은 생각난 순간 말하지만 상대방에게 전달은 업무가 시작되고 나서 한 숨 돌린 후의 시간에 하는 겁니다.

이는 바로 [메시지보내기]에 [발송시간 설정기능] 혹은 [예약 발송 기능] 을 활용하는 겁니다. 정말 별 것 아닌 유치한 이야기지만 직접 활용해 보면 효과가 굉장합니다.

즉 휴일이나 야간에도 좋은 생각이나 창의적인 아이디어가 떠오를 때는 관계 되는 사람에게 열정적으로 알려주고 싶습니다. 그러나 휴일에 그렇게 하면 아무리 훌륭한 후배, 부하라도 좋아할 리가 없습니다. **그래서 예약발송기능을 활용하여 다음 날 근무시간 중에 발송이 되도록 하는 겁니다.** 그러면 창의적인 아이디어도 즉시 챙길 수 있어서 안심도 되고, 상대방 직원도 근무 일에 그 내용을 전달 받으니 부담이 없습니다. 그러다가 그 내용을 취소하거나 변경할 필요가 있을 때, 슬며시 〈취소〉기능을 활용하시면 됩니다.

너무 앞만 보고 달리는 삶 잠시 쉬기도 하세요

"혜민스님의 힘들면 쉬었다 가요"라는 말씀이 너무 좋아, 직원 여러분과 공유합니다. 아래 내용을 읽어 보시고 잠시 쉬었다 가시기 바랍니다. 그리고 본 내용은 "멈추면 비로서 보이는 것들" 이라는 혜민스님의 글 모음집에 나옵니다.

다음 주까지 여러분께 한 권씩 드리겠습니다. 반드시 댁에서 가족들과 읽어보시기 바랍니다. 가족간의 갈등 이웃과의 갈등 친구와의 갈등, 혹시 사장과의 문제도 쉽게 해결될 겁니다.

혜민스님의

"힘들면 한 숨 쉬었다 가요"에서

(중략)

음악이 아름다운 이유는

음표와 음표 사이의 거리감, 쉼표 때문입니다.

말이 아름다운 이유는

말과 말 사이에 적당한 쉼이 있기 때문입니다.

내가 쉼 없이 달려온 건 아닌지,

내가 쉼 없이 너무 많은 말을 하고 있는 건 아닌지,

때때로 돌아봐야 합니다.

사랑하는 가족을 위해 때로는 꽃 두세 송이라도 사세요

복권 대신 꽃을 사보세요.

사랑하는 가족을 위해,

그리고 나 자신을 위해,

꽃 두세 송이라도 사서

모처럼 식탁 위에 놓아보면,

당첨 확률 1백 퍼센트인

며칠간의 잔잔한 행복을 얻을 수 있습니다.

〈혜민스님의 글〉속에서 찾은, 참 느낌이 오는 말씀입니다. 당첨 확률 100%인 잔잔한 행복을 얻을 수 있다는 말씀

사장이 참 우습죠 언제는 복권을 사랬다가, 오늘은 꽃으로 바꾸라고 하니…

때론 합당하다고 생각하던 일 들, 오랜 신조 같은 것도 한번 정도 멈추어 한 숨 쉬며 돌아볼 필요도 있기에…

감사 나눔은 글보다는 말로, 얼굴로, 몸으로
만약에 쑥스러우면 글로도

"자살률 1위, 이혼율 1위, 저 출산율 1위, 세계에서 행복순위 56위"
우리가 살고 있는 나라의 현실입니다. 각박한 세상을 살기에 꽤나

많은 분들이 타의에 의한 삶에 빠져 헤어나지 못합니다.

자신의 삶을 희망적이고, 재미있고, 본인이 주도하는 삶으로 전환시키는 방법이 바로 감사 나눔 운동입니다.

감사를 가장 먼저 나눠야 할 대상은 가족입니다.
감사표현은 먼저 가장 가까운 본인의 가족에게 하십시요(1가족)
가족처럼 지내고 싶은 동료에게도 하십시요(2동료)
동료들끼리 감사가 넘치면 회사에도 감사한 마음이 나오지요(3회사)
우리회사와 가족에 도움이 되는 고객 및 지역사회에도(4고객)
감사를 표현할 수 있을 것 같습니다.

감사 나눔의 실천방법은 "나.작.지"라고 하더군요.
누가 나에게 감사해주는 것이 아닙니다. **나부터 감사를 표현합니다.**
대단히 큰 것만을 대상으로 하지 않습니다. **작은 것부터 합니다.**
시간을 정하여 하는 것이 아닙니다. **지금부터 합니다.**

감사 나눔의 표현방법에도 말, 표정, 글 이 있습니다.
그 중 제일 좋은 것은 **말과 행동[웃음, 몸짓]**으로 직접 보이는 것입니다.
-해서 감사합니다. 사랑합니다. (가족에게는 스킨십까지)
혹시, 말로 하는 표현이나, 몸으로 하는 표현이 서투르면 글로 표현하기도 합니다. 편지도 좋고. 회사의 학습동아리도 좋습니다.

불합격통지 메일에도 감사를… 감사가 합격의 조건

최근에 〈장샤오헝〉저, 하버드대 행복학 명강의서인 "느리게 더 느리게"란 책에 묻혀 있습니다. 넘기는 장, 눈에 들어오는 구절마다 "그래 이거야!"란 느낌을 만나지만, 그 중 한 페이지가 큰 가르침을 주어 옮겨 봅니다. 제가 감사하지 못하고 지나친, 아니 오히려 울분으로 흘려 보낸 사건에 대한 반성을 하는 기회를 준 내용이라서, 이 글이 주는 교훈에 더욱 감사합니다.

먼저 저의 사례입니다. 아마도 1983년인 것 같습니다. 학교성적이 좋지 않았던 저는 십여 개의 기업 문을 노크했지만 실패하고 말았습니다. 비참하게도 1차 면접도 보지 못한 상태였습니다. 그런데 열다섯 번째인가 드디어 한 회사로부터 우편통지서가 왔습니다. 부푼 기대감으로 개봉을 했습니다. 저는 엄청난 분노와 실망감에 빠져들었습니다. "내용은 폐사의 규모와 능력부족으로 귀하와 같은 훌륭한 인재를 모시지 못함을 송구스럽게 생각하며…. 중략… 다른 곳에서 능력을 발휘하시기 바랍니다. ○○○○주식회사 대표이사 드림". 한동안 저는 그 회사 제품을 사지도 않고 누가 권해도 못 본척하며 울분을 나타낸 적이 있었습니다.

다음 내용은 서두에 제가 언급한 책에서 본 내용으로, 저와는 완전히 반대의 경우입니다. 한 외국계 기업에서 직원을 채용하는데 한 명을 모집하는데 최종면접까지 5명이 남았답니다. 최종 면접 후 한 여성 지원자에게 다음 내용의 메일이 왔습니다. "저희 회사에 지원해주셔서 감사합니다. 안타깝게도 귀하와 같은 인재를 제한된 채용규모 탓에 모시지 못한 점 매우 애석하게 생각합니다. 귀하의 서류는 **빠른 시일 안에** 우편으로 보내드리겠습니다. 귀하의 재능을 다른 분야에서 맘껏 발휘하시길…". 그녀는 매우 마음이 아팠지만 한편으로는 그 메일에 담긴 진심 어린 위로에 감동을 받았습니다.

그래서 그녀가 오히려 그 회사에 **짧지만 감사하다는** 메일을 보냈습니다. 그런데 삼일 후 그녀는 그 회사에서 보낸 합격통지서를 받았습니다. 결과적으로 그녀가 전에 받았던 **불합격 통지메일은 그 회사의 마지막 시험**이었습니다. 다섯 명의 최종면접자중 감사메일을 보낸 사람은 그녀 한 명뿐이었으니까요. 다시 한번 감사의 힘을 느껴봅니다.

감사한 마음은 돌 위에 새겨라

많은 직원 들이 이 내용을 이미 받아 보셔서 아실 것 입니다. 저도 SNS를 통하여 전달받은 내용입니다. 오래 전에 탈무드를 읽다가 본 기억도 납니다. 알게 된 경로야 어떻든 다시 한번 음미해보고 싶은 내용이라 올려봅니다.

두 사람이 사막을 걸어가고 있었습니다. 그런데 여행 중에 문제가 생겨 서로 다투게 되었습니다. 한 사람이 다른 사람의 뺨을 때렸습니다. 뺨을 맞은 사람은 기분이 나빴지만 아무 말도 하지 않고, **모래 위에** 이렇게 적었습니다. **"오늘 나의 가장 친한 친구가 나의 뺨을 때렸다."** 그리고는 오아시스가 나올 때까지 말없이 걸었습니다. 마침내 오아시스에 도착한 두 친구는 그곳에서 목욕을 하기로 했습니다.

뺨을 맞았던 사람이 목욕을 하러 들어가다, 늪에 빠지게 되었는데 그때 뺨을 때렸던 친구가 그를 구해주었습니다. 늪에서 빠져 나왔을 때에 그는 돌 위에 이렇게 썼습니다. **"오늘 나의 가장 친한 친구가 나의 생명을 구해 주었다."**

그것을 본 친구가 의아해서 물었습니다.
"내가 너를 때렸을 때는 모래에다가 적었는데, 왜 너를 구해준 후에는 돌에다가 적었지?"

친구는 대답했습니다.
"누군가가 우리를 괴롭혔을 때 우리는 모래에 그 사실을 적어야 해.
용서의 바람이 불어와 그것을 지워버릴 수 있도록…
그러나 누군가가
우리에게 좋은 일을 하였을 때 우리는 그 사실을 돌에 기록해야 해.
그래야 바람이 불어와도 영원히 지워지지 않을 테니까…"

우리 속담에도 "원수는 물에 새기고, 은혜는 돌에 새기라." 는 말이 있습니다. 그런데 우리는 그것을 거꾸로 할 때가 많습니다. 잊어서 는 안 될 소중한 은혜는 물에 새겨 금방 잊어 버리고, 마음에서 버려 야 할 원수는 돌에 새겨 두고 두고 기억하는 어리석은 행동이지요.

은혜를 마음에 새기면 고마움이 남아 누구를 만나도 무슨 일을 만나 도 즐겁기 마련입니다. 하지만 마음에 원수를 새기고 나면 그 것은 괴로움이 되어 마음속에 쓴 뿌리를 깊이 내리게 됩니다. 이제 왜 우리가 감사운동을 해야 하며 감사하는 마음을 다시 한번 되새겨 야 하는지 알 것도 같습니다. 100감사를 통하여 그 마음을 돌에 새기 듯이 오래도록 기억해봅시다.

반대로 세상 살다 겪은 아픈 기억은 가능한 흐르는 물에 흘려 보내 십시요. 세상을 행복하게 사는 지혜입니다.

배려의 효과 - 발상의 전환이 필요합니다

오래 전에 맨해튼의 한 고층건물에서 사무실 입주자들이 엘리베이트를 기다리는 시간이 너무 길다고 건물주에게 불평하는 일이 벌어졌습니다. 비싼 비용을 들여 더 빠른 모터를 설치했습니다. 그럼에도 불구하고 불평은 끊이지 않았고, 많은 입주자들이 건물을 옮기겠다고 위협하기에 이르렀습니다. 절망적인 심정으로 건물주는 공학 기술자를 통해 승강기를 추가로 설치하는데 들어가는 비용을 산정해 보았습니다. 하지만 설치비용과 승강기 추가설치로 인한 임대공간의 축소는 엄청난 손실이 예상되었습니다.

이런 고민을 하고 있는 중에 건물주의 사촌이 "승강기 옆에 거울을 붙이라고 조언해 주었습니다."거울을 붙인다고 기다리는 시간이 줄어들지는 않지만 지푸라기라도 잡는 심정으로 건물주는 거울을 설치했습니다. 놀랍게도 대기시간에 대한 불만이 사라졌습니다. 대부분의 고객 들이 승강기 옆에 서면 거울을 보면서 옷 매무새도 다듬고, 머리도 손질 하다 보니 오히려 엘리베이트가 너무 빨리 오는 듯한 느낌을 가진 겁니다.

고객, 상대방에 대한 배려가 어떤 형태로 이뤄지는지 알 수 있는 일화입니다. 혹시 생활하면서 여러분의 마음을 읽지 못하고 드러난 현상에만 집착은 적은 없는지 반성해 봅니다.

그리고 업무편의적인 생각에서 여러분과의 약속을 쉽게 바꾼 적은 없었는지도 반성해 봅니다. 그리고 스텝부서 에서도 직원 한 사람 한 사람의 입장을 고려해주는 좀더 세밀하고 자상한 안내를 같이 고민해봅니다.

다른 이를 위한 연탄재가 되어 볼 생각은 없나요?

오랜 만에 다시 읽은 안도현의 시입니다. 다들 잘 아시는 연탄재 함부로 발로 차지 마라. 우리 직원들도 다른 이를 위한 연탄재가 되어 봅시다.

연탄재 함부로 발로 차지 마라
                                    -안도현
연탄재 발로 차지 마라
너는 누구에게
한번이라도 뜨거운 사람이었느냐.

자신의 몸뚱아리를
다 태우며 뜨끈뜨끈한

아랫목을 만들었던

저 연탄재를

누가 발로 함부로 찰 수 있는가?

자신의 목숨을 다 버리고

이제 하얀 껍데기만 남아 있는

저 연탄재를

누가 함부로 발길질 할 수 있는가?

리더의 실수담 - 잘못된 배려사례

저의 실수담을 여러분과 공유하는 것도 더욱 친근해 지는 방법입니다. 상대방의 입장이나 기분을 생각지 못하고 말할 경우에 겪는 이야기일 수도 있습니다. 다음은 정말 좋은 취지에서 본인은 성심을 다하여 드린 말씀이지만, "여성은 나이에 민감하다"는 것을 배려하지 않았을 때 역효과가 나는 때도 있습니다.

요즈음은 어느 단체나 조직이나 간에 처음 온 신입회원들을 도와주시는 역할을 하는 분들이 미리 정해져 있습니다. 처음 온 사람들이 낯설고 서먹서먹하여 잘 적응을 못 할까 봐 후견인 겸 안내를 맡아 주시는 것입니다.

저도 어느 모임에 처음 갔을 때, 저를 안내해주시고 도와 주시는 분이 있었습니다. 그 분은 여자분이셨는데 사회적으로 위치가 높으신 분의 부인이셨습니다. 그런데 전혀 그런 티를 내지 않고 정말 자상하게 안내해

주시고 도와주셔서 자리잡기, 식사하기, 서로 인사 하기 등을 생각보다 쉽게 마칠 수가 있었습니다.

그 첫 모임이 끝날 무렵 제가 그 안내자 분께 너무나 고마워서 인사말씀을 드린다는 것이 그만 **"자상하게 설명해주시고 도와주셔서 감사합니다. 마치 누님 처럼!"** 이라고 인사를 드렸습니다. 정말로 누님이 동생을 돌보는듯한 그런 느낌을 표현한 것 인데!

그런 제가 집에 와서 저의 아내한테 크게 혼이 난 기억이 납니다. 그 여성분이 정말 친절하고 사랑이 넘치는 분 이시지만, 당신보다 나이가 많지도 않은 것 같은데 누님이라고 하면 어떡해요? 그 분이 나이가 많이 들어 보이는 것으로 오해하면….

배려의 대상은 어디까지 일까?

감사와 배려 칭찬은 상대방의 입장(듣는 사람 위주)로 생각하여야 합니다. 최근에 회사 내 몇몇의 리더들의 언행이 문제된 적이 있습니다. 리더들은 자신의 말을 받아 들이는 직원의 입장에서 언어를 선택해야 합니다. 반드시 약자인 직원을 배려해야 합니다. 말을 듣는 직원의 입장에서 생각하면 실수의 확률이 줄어들 것입니다.

여사님을 얼어붙게 만든 한마디 "아줌마"

우리는 T.U.L(Thank Upgrade Love)운동을 통하여 진심 어린 감사를 실천해오고 있습니다. 모두들 이 운동이 우리의 감사문화와 봉사정신 그리고 자기개발까지 효과가 굉장하다고 자부해 왔습니다. 최근에 개발된 앱인 Easy Thanks Planet을 통하여도 멀리 있는 우리회사 직원뿐만 아니라 패밀리사 직원들에게까지 감사와 칭찬을 나누고 있습니다.

그런데 사실 이 감사문화를 포함한 TUL도 혹시 양적인 팽창 수준인 것은 아닐까 간혹 의아한 때가 있습니다. 어제 아침 식당에서의 일입니다. 이른 아침이라 저와 조리직원 둘만 있는 시간이었습니다. **"아줌마. 라면 안돼요"** 반대쪽 문에서 한 직원이 들어오며 묻는 말이었습니다. 순간, 국을 퍼주기 위해 배식대 앞에 서 있던 조리직 여직원은 얼굴이 일그러지며 알 듯 모를 듯한 정적이 흐릅니다. 마주 서 있던 저도 매우 당황스런 순간이었습니다. 그리고 힘없이 국을 퍼주셨습니다.

우리는 **"아줌마"**라는 호칭에서 때론 친근감을 느끼기도 하고, 때론 무시하는 듯한 느낌을 가지기도 합니다. 상황이나 장단, 고저에 따라 전자가 되기도 하고 후자가 되기도 합니다. 짧게, 급하게 큰소리로 "아줌마!"라고 외치면 백이면 백 짜증스런 반응을 보입니다. 무시당한다는 느낌입니다.

그래서 최근에는 식당, 특히 단체 급식시설에서는 조리직 여사원들을 "여사님"이라는 호칭으로 대합니다. 특히 젊은 영양사나 조리사는 이 용어를 철저히 지켜드려 조리직 여사원을 최대한 존중합니다.

이 날 아침 들은 짧고 퉁명스런 "아줌마, 라면은 안돼요?" 라는 말은 그 여사님께 우리회사 직원들의 감사. 나눔 활동과 배려하는 문화 수준을 의심하게 만들었음이 분명합니다.

"아줌마!", 말하는 사람은 친근함의 표현이라 하고, 듣는 사람은 무시당했다고 합니다.

물론, 젊은 아가씨들은 가냘픈 목소리로 "아줌마~~" 라고 하며 조금은 정겨운 표현을 쓰기도 합니다. 본인들이 스스로 아줌마라고 쓸 때는 억척 같은 의지의 상징일 때 입니다. 짧고도 굵은 목소리인 경우, 정말로 이 호칭 조심하셔야 합니다.

무시할 용기를 가지면 행복이 찾아옵니다

> 나를 싫어하는 한 명에 주목할 것 인가?, 나의 벗이 되는 두 명에게 집중할 것 인가? 이 선택에 당신의 행복이 달렸습니다. 현명한 선택이 오늘도 행복을 선물합니다

행복해 지려면 당신을 비판하는 한 사람보다, 벗이 되는 두 사람에 주목하세요.

옆에 당신을 싫어하는 사람이 있습니까?

그 한 사람 때문에 당신의 행복을 희생하진 마십시오.

그를 무시하는 용기를 가지십시오.

유대인들의 생각에서 지혜를 구합니다.

열명의 사람이 있다면 그 중 한 명은 반드시 당신을 비판한다.

당신도 역시 그를 좋아하지 않는다.

두 사람은 당신과 서로 모든 것을 받아주는 더 좋은 벗이 된다.

나머지 일곱 명은 이도 저도 아닌 사람들이다.

행복론: 성급한 일반화의 문제점
아들러의 "미움 받을 용기"에서 인용 하였습니다

어떤 경우에도 나를 공격하는 그 사람이 문제이지, 모두가 나쁜 것은 아닌데… 신경증적인 생활양식을 가진 사람들은 "모두" "늘" "전부"라는 말을 자주 입에 담습니다. 우리는 나쁘지 않은 다른 대다수의 사람들에 주목해야 합니다.

예를 들면, "모두 나를 싫어해", "늘 나만 손해를 봐" "전부 다 틀렸어, 필요 없어" 등… 이런 식으로 성급하게 일반화를 시키면 이세상이 온통 부정적으로 보이고 감사와 행복이 발 붙일 여지가 없습니다. 행복 하려면 긍정적인 대다수의 사람들에 주목하고 감사를 나눔이 바람직 합니다.

내가 먼저 변해야 세상도 변합니다. "나는 내 인생의 주인공"이라고 알려주셔서 감사합니다. 그래서 나는 이 세상 어느 누구보다도 중요합니다. 하지만 어디까지나 "나는 공동체의 일원"임도 동시에 알려주셔서 감사합니다. 내 자신의 생각, 행복이 중요하듯이 공동체의 가치를 위한 공헌도 중요합니다. 개인은 존중 받아야 하지만 공동체의 일원으로서의 역할과의 조화가 필요함을 알게 됩니다.

그러나 회사나 이 사회는 인간존중과 창의성을 공통적으로 원합니다. 그리고 공동체를 구성하는 구성원 중에도 각 계층을 대변하는 생각은 다양합니다. 신입 저 근속 직원들은 리더급, 선배급 구성원들이 보다 자유로운 생각, 인간존중의 문화가 유지되길 원합니다. 한편, 선배급. 리더급 직원들은 후배들이 좀 더 알아서 해주었으면

하는 생각도 많습니다.

"사람들 속의 나"를 느껴봅시다. 고마움, 감사

우리 직원들과 이야기를 하다 보면, 의외로 세상 모든 일을 혼자 붙들고 걱정만 하는 분들이 많더군요. 그 분들께 혜민스님의 글 속에 꼭 소개하고픈 내용이 생각났습니다. 제발 좀 내려 놓으시고 편하게 사십시오. 하긴 이런 생각을 하는 저도 괜한 걱정을 하는 지도 모릅니다. 어쨌든 한번만 읽어보세요
                        – 혜민스님의 – 멈추면 비로소 보이는 것들 에서

내가 없어도 세상은 잘만 돌아갑니다.

내려 놓으세요.

나 없으면 안될 거라는 그 마음.

살면서 고마움을 많이 느낄수록 더 행복해 집니다.

세상에 나 혼자 똑 떨어져 있는 "외로운 나"가 아니고,

서로서로 연결되어 있는 "사람들 속의 나"를 느끼기 때문입니다.

고마움을 느낄 때 우리는 진리와 더 가까이 있습니다.

우리를 약하게 만드는 것 들…

자신의 가치를 다른 사람으로부터 인정받고 싶어하고

검증받고 싶어하는 욕망.

남을 진정으로 위하고

남이 잘 될 수 있도록 "어떻게 도와줄까?" 고민하는,

그런 선한 마음은

나를 따뜻하고 행복하게 만들어줍니다.

잡념도 없어지고, 보약이 따로 없습니다.

오늘, 기분이 나쁘다면,

비록 작은 일이라도 누군가를 도와줄 생각을 하십시오.

그리고 주위 동료의 작은 배려에도 감사함을 반드시 표현 하십시오.

리더의 일일 5감사

무통불신 무신불립 (無通不信 無信不立) 이라고 했습니다. 서로간에 소통되지 않으면 믿음이 생기지 않고, 믿음이 생기지 않으면 아무 것도 이룰 수 없다고 합니다. 여러분 앞에서 크게 외친 〈비전1650〉도 이러한 신뢰의 바탕에서 이뤄질 수 있습니다. 완벽하게 신뢰하지 못한 상태에서 우리는 비전1650의 果實만 챙기려 하는 일은 없는지 한번 돌아봅니다. 신뢰의 힘을 가르쳐 준 어떤 일에 감사하며 오늘의 감사 적어봅니다.

1)비전1650에 매진하는 모 실장, 아침 출근 길에 회사를 걱정하며 전화 주셔서 정말 감사합니다. "지금까지 우리회사가 연마하던 OO의 마그네슘 롤이 포항이 너무 원거리라서 광양의 OOO에서 가공될 것 같다." 는 정

보를 걱정스럽게 알려주셨습니다. 한가지라도 더 외부 일을 수주해야 할 판에 기존 업무가 떨어진다고 걱정이 태산 같은 열정맨, 성실맨 감사합니다. 그렇지만 너무 걱정 마세요. 상호간에 신뢰만 있으면, 열정만 있으면 또 다른 일감이 생길거라 생각합니다.

2)회사 사정상 창립기념일에 회사전체의 가족행사는 못하지만, 어느 부서에서는 자체적으로 가족분위기를 느끼며 서로 감사를 나누는 모임을 갖는다고 하니 사장으로서 너무나 감사한 일입니다. 그룹원들의 소통과 화합을 위해 가족행사를 준비하고 계시는 분들께 감사 드립니다.

3)요즘 신뢰를 받으려면 얼마나 자신을 채찍질해야 하는지 알게 되어서 감사합니다. 자신이 더욱 신뢰 있는 행동을 하게끔 노력하라는 채찍을 들기로 하였습니다. 많은 사람들이 신뢰 못 받는 섭섭함을 토로하는 것이 일반적인데, 자신을 바꾸는 것이 가장 빠른 길임을 가르쳐 주시는 군요. 어떤 일을 계기로 그것을 알게 되어 너무 감사합니다.

4)작은 섭섭함이 생길 때 하루 밤을 참으면서 보낼 수 있게 저를 심적으로 키워준 세상 모든 분께 감사 드립니다. 더욱 진실된 마음으로 여러분들과 교감하도록 노력하겠습니다.

5)쉽게 얻을 수 있는 인기와 어렵게 방어해야만 하는 원칙 사이에서 슬기롭게 대처할 준비를 하도록 현 상황을 설정하여 저에게 수련의 기회를 주셔서 감사합니다. 제는 더욱 신뢰하며 감사하며 살아 가겠습니다.

리더 감사경영 메시지
감사운동은 기억, 표현, 나눔.감사하는 본인들이 더 행복해 집니다

우리 회사가 감사운동을 시작한지 벌써 1년이 지났습니다. 구성원 스스로가 하루에도 몇 번씩 감사표현을 하면서 조직분위기가 매우 활성화된 부서도 있고, 일정 시기가 되면 불이 붙었다가 며칠 지나면 불씨가 사그라져서, 다시 불을 붙이기를 반복하는 부서도 있습니다. 그리고 아직도 감사와는 거리가 먼 부서나 직원도 있습니다. 비록 전 직원이 다 이 감사 나눔에 열정을 보여주시지는 않지만, 꽤나 많은 OOO인들이 좋은 기억력으로 감사를 표현하며 세상에 온기를 나누는 활동이 좀더 활성화되었으면 좋겠습니다. 추운 날씨에 건강에 유의 하십시오.

감사나눔 운동을 시작 한 후 1년이 지난 지금에 와서 제가 깨닫게 된 사실이 있습니다. 회사생활을 즐겁고 신나게 하는 부서를 보면, 결코 하는 일이 쉽거나 편한 부서는 아니었습니다. 오히려 하는 일은 더 힘들더라도 구성원 서로간에 진심어린 감사 표현과 배려를 하는 부서이기 에 가능해 보였습니다. 물론, 사람의 내면까지 강제할 수 없기에 여러분의 선택에 따를 수 밖에 없지만, 아뭇든 감사는 우리의 삶을 정말로 윤택하게 하는 수단임을 말씀 드리고 싶습니다.

그리고 감사를 잘하는 사람들, 부서의 특성을 보면,
첫째, 기억력이 좋은 것 같습니다. 하루 종일 자기가 한일, 동료가 나를 도와준 일, 가족이 나를 사랑한 일 등 수 없이 많은 작은 일들을 잘 기억 한 후, 감사하다고 말하거나, 글로 적거나 하는 특성이 있습니다.

둘째, 표현력이 좋거나, 감사를 통하여 표현력이 좋아지는 것 같습니다.

처음에는 머뭇대며 쑥스러움에 잘 표현이 안되다가 한번 해보니 습관처럼 감사표현이 되는 것입니다. 최근에는 자기 생각을 말씀으로 잘 전해주시는 분도 많고, 좋은 글 솜씨로 동료들의 마음을 이끌어내는 분들이 많습니다.

셋째, 감사표현을 잘 하는 분들은 마음 외에도 물적인 나눔에도 익숙해지신 것 같습니다. 무엇보다도 본인들이 너무나 행복해 합니다.

나누어서 더 행복해 진 "O人O 주인들"

〈O앤O "학습도 1등", "나눔도 1등" 이라는 제하의 기사로 많은 분들이 훈훈해 합니다. 터넷 에도 , 지역 신문에도 사연은 이렇습니다.

우리 회사는 2012년 전국 학습조직화 사업 경진대회에서 최우수상을 수상하여 300만원의 포상금을 받았습니다. 그 당시 직원대표 및 학습조 리더들과 협의한 결과 불우한 이웃을 위한 좋은 용도에 활용하자고 약속한 바 있었는데 이번에 이를 실천하게 된 것입니다.

포상금 전액을 쌀을 구입하여 해도동에 거주하는 어려운 주민들께 직원 대표와 학습조 리더가 직접 전달하였습니다. 이로써 우리는 사랑과 감사를 나누면서 행복을 느끼는 사람들이 되었습니다.

이웃 나눔에 한 마음으로 동참해 주신 직원 여러분께 감사 드립니다.

〈O앤O〉 은 〈O人O〉 입니다. 〈O앤O〉엔 사람이 있습니다.

직원들이 사랑 받고 사랑을 나누는 기업입니다.

배고픈 소에게 비싼 고기를 준다고 배려가 되었겠는가?

어느 분의 배려에 대한 가르침이 제게 많은 것을 느끼게 해 주셔서, 감사한 마음에 같이 공유합니다. 생활해온 것들을 되돌아 보며 제가 해왔다는 배려가 진정한 배려인지, "배고픈 소에게 고기를 주는 어리석음"은 아닌지 되돌아 봅니다. 반성의 시간을 주셔서 감사합니다.

〈나의 관점에서 일방적인 태도로 상대를 배려하고, 상대에게 도움을 줬다고 혼자 착각하는 어리석음을 범하고 있지는 않는지 되돌아 봅시다.
배고픈 소에게 고기를 주거나, 배고픈 사자에게 풀을 주는 것과 같은 배려는, 나의 입장에서 단지 내 만족감으로 하는 허상의 배려입니다.〉

바쁜 출근시간에도 시민의 배려심이 넘쳐서…

아침 출근시간, 시내 5광장 부근 신호등 앞이었습니다. 정지신호로 차가 서 있는데 갑자기 경적소리가 들리더니, 나보다 앞선 차에서 50대후반 정도로, 약간은 험상궂게(?) 보이는 아저씨가 운전석 문을 열고 내리는 것이 보였습니다. 곧 신호가 진행신호로 바뀌려는데, 뭔가 불안한 기운이 엄습하는 순간…

그 분이 인도를 거의 다 건너간 한 여학생을 큰 소리로 부르더니, 횡단보도에 떨어진 스마트폰을 집어 주는 모습이 보였습니다. 그제서야 상황파악이 되었습니다. 횡단보도를 건너던 여학생이 스마트폰을 떨어뜨리고도 모르고 지나간 것이었습니다. 여학생이 급히 달려오는데, 이미 신호가 차량진행신호로 바뀌어 여학생이 무척 당황해 하는 모습이 전개되었습니다.

그 분은 신호가 바뀌려는 순간에도 차분히 여학생의 물건을 보호 해주며, 여학생이 안전하게 횡단보도를 건널 때까지 자기 차로 다른 차의 진행을 막아주신 모습이 감동적이었습니다. 그 분의 얼굴이 갑자기 정이 넘치는 이웃집 아저씨의 모습으로 느껴졌습니다.

요즘 많은 사람들이 우리 조국 대한민국을 스스로 깎아 내리기도 합니다. 오늘 저는 시민들의 배려와 사랑과 감사로 우리는 여전히 희망 있는 대한민국임을 느낍니다. 감사로 시작하는 하루입니다.

상대가 우리를 선택하게끔 하려면
제우스가 손들어준 여신 아테나의 공감능력

인간관계든 비즈니스 관계든 상대의 입장에서 생각하고 관심을 가져줄 때 공감대가 형성되고 좋은 관계로 발전합니다. 상대가 우리를 선택하게끔 만들고 싶다면 상대의 입장에서 생각하고 그가 공감할 것을 제공하시기 바랍니다. 신화 속의 이야기 같이 공유합니다.

그리스 신화 속에서 여신 아테나와 바다의 신 포세이돈이 아티카 지역의 한 도시를 자기관할 하에 두겠다고 겨루고 있었다. 이에 제우스는 인간에게 유용한 선물을 주는 신에게 그 도시를 맡기겠다고 했다.

곧 포세이돈은 삼지창으로 큰 바위를 때려 이 세상에서 가장 훌륭한 말을 만들어 내었다. 그리고는 "이 말을 타고 전쟁에 나갈 수도 있고, 물건을 나를 수도 있고, 쟁기를 달아 밭을 갈수도 있다"고 주장했다.

그에 반해 아테나는 땅속에서 올리브 나무가 솟아나게 한 후, "이 나무는 한 낮에는 나무그늘이 시원하게 해줄 것이고, 도시를 아름답게 할 것이며, 열매는 생활을 풍요롭게 할 것이라고" 했다.

인간들은 평화와 풍요를 상징하는 올리브나무를 선택하였다. 따라서 아테나는 그 도시를 지배하는 신이 되었으며 도시 이름도 아테나가 되었다고 합니다.

아직은 대한민국에 희망을 버리지 마십시오

지난 아픔을 다시 되새겨 봅니다.

의식이 선진화된 나라는 법으로 규정하지 않아도 선원들의 의무감으로, 직업윤리로 승객들의 구조활동을 지휘하고 실행하며 침몰하는 배와 함께 선원들이 운명을 같이 한다고 합니다. 그렇지만 우리 나라는 이 세상 어디에 내놔도 손색없는 가장 선진화된 훌륭한 법이 있지만, 침몰해 가는 배 안에 승객들만 버리고 선장과 선원들이 도망친 나라입니다. 그래서 "세월호 참사"를 거론하며 몇몇 분은 이런 대한미국은 미래가 없다고 하며 이 나라를 떠나기도 하십니다. "헬조선"을 외치면서 말입니다.

그렇지만 너무 슬퍼하지만은 마십시오. 대한미국에 희망을 버리지는 마십시오. 그래도 아직은 미래의 대한민국을 지켜 갈 희망은 있습니다.

비록 정신 없는 어른들과 개념 없는 리더들의 말이라도, 어른의 말이라 믿고 순종하는 어린 천사들이 있으니까요. 힘없는 친구를 구하려고 자신의 구명복을 벗어주며 친구를 지킨 어린 영웅이 있으며, 여성의 몸이지만 승무원의 본분을 홀로 지키며 어린 학생들을 구조한 천사도 있고요, 부인의 전화를 뒤로 하고 어린 학생들을 구조하러 들어간 승무원의 희생적인 모습도 보았습니다. 師道가 위협받는 이 시대에 본인이 가르치던 아이들을 구하고 자신의 생일이 제삿날로 이어진 선생님도 계십니다. 더 많은 학생들을 살리지 못해 슬퍼하다 자신의 몸도 "학생들이 수장된 바다에 뿌려 달라"는 유언과 함께 돌아가신 교감선생님도 계십니다.

그러니까요! 아직은 대한민국에 희망을 버리지 마십시오.
그리고 기적 같은 생환장면을 위해 마음을 모읍시다.

승자의 저주 [Winner's Curse, 勝者의 詛呪]

승자에게 내려진 저주라는 뜻입니다. 어떤 기업을 M&A하거나, 경매로 나온 물건을 공개입찰 할 때 치열한 경쟁에서 승리하였지만 이를 위하여 지나치게 많은 비용을 지불함으로써 위험에 빠지는 상황을 가리키는 말입니다.

그런데 직장생활이든 친구들과의 교류문제이든 생활을 하다가 부딪히는 사례에도 이와 비슷한 상황이 많습니다. 자기 주장이 옳음을 알리기 위한 강한 주장과, 상대방이 틀렸음을 쪽 집게처럼 찍어내는 상황에 우리는 자주 직면합니다. ([행복경영19호] "曲則全과 돌직구").

이처럼 "돌직구"를 날리고 나면, 마치 본인이 勝者가 된 것처럼 느껴지고 속이 후련하겠지요. 하지만 상대방은 그 일로 큰 상처를 받게 되고 때론 친구 사이가 멀어지게 됩니다. 그야 말로 승자의 저주를 입게 되는 것입니다.

상처를 입고 친구들이 다 떠난 마당에,

혼자 남아 만끽하는 승리가 무슨 의미가 있을까요?

나 혼자 내세우는 진리, 정의가 무슨 소용이 있을까요?

그런 승리가 나에게 행복을 줄 수 있을까요?

사람과의 관계에서 [승자의 저주]를 피하려면 옳은 말, 논리적인 말로 우기기 보다는 상황에 적합한 말, 상대 입장을 배려하는 말을 사용할 줄 아는 지혜가 필요합니다.

제주도보다 아름다운 섬 〈그래도〉

제주도보다 더 아름다운 섬이 있습니다. 바로 〈그래도〉라는 섬입니다. 가령 은퇴를 하게 되면 "직업도 없어지고 나이가 많이 들었지만, 〈그래도〉 건강하니 나는 행복하다. 〈그래도〉 아내가 이전보다 더 사랑해주니 요즈음 더욱 행복하다. 이렇게 긍정적인 요소를 생각해 내는 것입니다. 이 〈그래도〉라는 섬에 자주 가면 행복이 더 커집니다."

"〈그래도〉에 자주 가자" 는 템플스테이의 선구자이자, 이 시대 최고의 힐링 멘토이신 마가 스님의 행복철학 이라고 하네요. 어린 시절 아빠가 안 계셔서 자살까지 결심했던 스님이 출가 후에 새롭게 삶이 바뀌었다고 합니다. 바로 다음의 공부를 통하여 〈그래도〉를 터득했기 때문일 겁니다. "공부란 내 마음의 변화를 일으키는 것이고 미움을 고마움으로 바꾸는 게 최고 공부"라고 했습니다.

우선 가족관계에서, "우리 집은 애들이 공부를 썩 잘하지는 않지만, 〈그래도〉 정말 착하고 건강하게 자라주어 행복하다."

회사에서는, "우리 팀은 업무적으로는 꽤나 힘들지만 〈그래도〉 팀원간에 배려심이 많고 남의 말을 잘 들어 줄 줄 아는 분위기가 있어 행복하다."

"저 친구는 다방면에 다 뛰어나지는 않지만, 〈그래도〉 OO 최고야" 등을 실생활에 사용해 보시기를 권장합니다.

〈그래도〉를 자꾸 외치며 관계인의 좋은 점을 자주 봅시다.

〈그래도〉를 자주 방문하여 사물의 긍정적인 요소를 많이 봅시다.

우리의 삶은 행복이 더욱 넘쳐 날 것 입니다.

세상사는 이치 다 그런 거다

어느 날, 전에 대표이사로 재직하던 회사 직원들을 만났다. 한 그룹은 리더와 극단의 대립을 일삼던 그룹이었지만 시간이 흐르니 마냥 반가운 마음이다. 정확한 마음이 전해질까?

지나고 보면 모두가 반갑고 그리운 사람들

어제는 이전에 근무했던 회사의 직원들을 두 그룹이나 만났다.

한 그룹은 식당에서 또 한 그룹은 집무실로 찾아와서 만났다.

한 그룹은 유쾌하지 못한 대립의 기억이 있었고 한 그룹은 상호 믿음과 소통으로 감동의 시간이 생각나는 그룹이다.

그러나 각각 3년 4년의 시간이 흐르고 나서 그냥 둘 다 반갑기만 하다.

그런 거다 사는 게 다 그런 것이다.

다 털어버리고 집착을 벗어버리면…

찾아와 주어서 감사하고, 만나니 서로 반갑게 인사해줘서 고맙다.

칭찬으로 행복을

영혼 없는 위로의 말보다 칭찬을 많이 하세요

나보다 나은 친구에게 칭찬은 인색하면서,

안 좋은 일을 당한 친구에게 우리는 위로랍시고 쉼 없이 짖어댄다.

마치 안되기를 바랐던 것처럼.

이렇게 하는 위로가 아픔 당한 친구에게 진정 도움이 될까?

차라리 그냥 가만 혼자 있게 두는 것, 아무 말 없이 손을 꽉 잡아 주는 것이 더 큰 도움이 된다.

그렇다면 우리는 영혼 없는 수십 마디 위로의 말보다,

한마디의 칭찬이라도 더 많이 하자.

행복한 삶으로의 초대 - 우겨서라도 행복해지기

간혹 스스로 불행해지려고 노력하는 사람들처럼 보이는 이들이 있습니다. 살다 보면 흔히 일어 날 수 있는 작은 일들을, 마치 혼자만 그런 일을 당한 것처럼, 자신이 세상에서 가장 불행한 사람처럼 지레 생각하고 헤어나지 못하는 사람이 있습니다.

반대로, **"아무도 내 허락 없이는 나를 불행하게 만들 수 없다는 확고한 생각을 가진 사람"**도 있지요. 그는 자신에게 닥친 작은 불행도 지나가는 하나의 사건 일뿐, 결코 자신을 불행 속에 오래도록 붙잡아 둘 수는 없다고 확실히 믿습니다. 그리고 설사 큰 어려운 일을 당할지라도 아무거나 붙잡고 희망이라고 우기는 사람이기도 합니다.

결국, 불행한 이와 행복한 이의 차이는 어떤 마음으로 받아들이냐에 따라 달라집니다. 이 세상에 닥치는 일들은 평균적으로 비슷하니까요. 그래서 불행한 사람, 행복한 사람으로 구분하기 보다는 불행하다고 여기는 사람과, 행복하다고 여기는 사람으로 나뉠지도 모릅니다.

행복해 질 용기

당신에게 부족한 것은 능력이 아니고 행복해 질 용기이다
〈자유롭고 행복한 삶을 위한 아들러의 가르침
-기시미 이치로/고가 후미타케 著 "미움받을 용기"에서〉

자유롭고 행복한 삶을 위한다면, 타인과 나를 비교하지 마라. 타인을 의식하지 마라. 때론 타인에게 미움 받을 용기를 가져라.

1. 〈건전한 열등감〉이란 타인과 나를 비교해서 생기는 것이 아니라, "이상적인 나"와 비교해서 생기는 것이다.

2. 〈우월성 추구〉란 자신의 발을 한 걸음 앞으로 내 딛으려는 의지를 말하는 것이지, 남보다 더 높은 곳으로 가려고 경쟁하는 것이 아니다. 어제 보다 나은 나를 위한 노력이 필요하다.

3. 경쟁이나 승패의 안경을 벗어야 비로서 자신을 바로 보게 되고, 자신을 바꿀 수 있게 된다.

당신에게 부족한 것은 능력이 아니고 행복해 질 용기입니다

자기수용을 통하여 행복을…

어떤 사람은 자신은 원래 100점짜리인대 이번에는 운이 나빠 60점 밖에 못 얻었다고 한다. 이것이 "자기긍정"의 한 형태이다.

그런데 나는 살아오면서 내 자신이 상당한 부분에서 60점짜리임을 알았다. 그리고 스스로 수용했고 100점이라는 목표에 가까이 가려면 어떻게 해야 할지 계속 방법을 찾아왔다. 헛된 자기 긍정보다는 자기수용을 통하여 더 나은 방법을 찾아가는 현명함이 행복을 좌우 할 것 같다.

이 세상을 변화시킬 사람은 바로 자신입니다. 남이 나보다 먼저 변하는

법은 없답니다. "내가 인생의 주인공" 이듯이, **"세상의 변화도 내가 먼저 이뤄져야"** 한다고 합니다.

우리는 "태어나면서 주어진 것"에 대해서는 바꿀 수가 없습니다. 하지만 "주어진 것을 이용하는 방법"에 대해서는 내 힘으로 바꿀 수가 있습니다. **따라서 바꿀 수 없는 것에 대하여 주목하지 말고 바꿀 수 있는 것에 주목해야 합니다.**

이를 "긍정적 포기"라고 아들러는 표현 합니다. 아들러의 [미움받을 용기]를 통해서 진정 필요한 것은 긍정적 포기이며 자기 수용임을 다 같이 공감하였으면 합니다.

〈 "긍정적포기", "자기수용"–아들러의 심리학 〉에서 인용하였습니다
－기시미 이치로/고가 후미타케 著－ "미움받을 용기"

행복경영시리즈1탄
타인에게 미움 받을 용기를 가져라

많은 사람들이 남의 시선을 의식해 나의 삶을 결정합니다. 또 타인과 끊임없이 비교하며 스스로에 대해서는 열등감을 키워갑니다. 이러다 보면 내 인생은 행복과는 거리가 멀어집니다. 그런데 인생은 타인과의 경쟁이 아닙니다. 또한 삶을 살다 보면 타인의 과제 때문에 고민하는 경우가 많습니다. 과제에 대한 경계선을 정하고 타인의 과제는 과감히 버릴 수만 있다면, 자신의 인생의 짐을 덜고 삶을 더 행복하게 하는 첫 걸음이 될 것입니다.

남의 시선을 의식 않거나, 타인의 과제에서 멀어진다는 것은 다른 사람에게 미움을 받을 수도 있지만, 그 미움조차 용기 있게 받아들이면 자신의 행복을 얻을 수 있다는 얘기를 공유합니다.

20년 이상 안경을 쓰다가 라식 수술을 한 사람이 있다. 그에게 안경은 신체의 일부와 같았기에 안경을 벗고 세상을 본다는 사실에 스스로 감동했다. 그런데 만나는 사람 대부분이 그가 안경을 벗게 된 사실을 알아보는 이가 거의 없다는 것이다. 또한 아기를 데리고 가족사진을 찍은 엄마도 현상된 사진을 볼 때는 아기가 아닌 자신을 먼저 본다는 것이다. 이 사례를 봐도 사람들은 다른 사람에게는 별 관심이 없고 오직 자신에게만 관심을 둔다는 것이다.

그렇다면 우리가 굳이 타인을 의식하고 눈치를 보면서 불행을 자초할 필요는 없다는 이야기이다. 대부분의 사람들이 남의 일에 크게 관심이 없음을 알게 되었으니 우리는 과감히 우리를 행복하게 해줄 일을 할 수 있다. 설사 남의 일에 관심을 가지는 소수가 있다 해도, 그들 몇몇에게 미움받을 용기를 가질 수만 있다면 우리는 원하는 행복을 찾을 수 있다.

(미움 받을 용기. 저자: 고가 후미타케 , 기시미 이치로 . 역자: 전경아)

행복경영시리즈 2탄
자신 내려놓기, 원인을 자신에게서 찾기

예로부터 화(火)는 만병의 근원이 된다고 했습니다. 화를 잘 다스리지 못하면 신체적으로는 〈홧병〉으로 발전하여 이 세상 어떤 약으로도 치료를 할 수 없기도 하고, 정신적으로는 충동장애를 일으켜 사회적으로 크나큰 사건. 사고를 일으키기도 합니다. 사람에 따라서는 자신의 생명까지도 스스로 내던지는 비참한 상황에까지 이릅니다.

따라서 치밀어 오르는 화를 잘 다스려 해소시키는 것이 매우 중요한 일입니다. 우리가 **감사운동을 지속 전개해 나가는 것도 화 다스리기를 잘하려는 생활의 한 방편일수도 있습니다.** 처음에는 비록 감사가 쉽게 나오지 않지만 감사하는 척이라도 여러 번 하다 보면, 일상들이 조금은 참을 만한 상황으로 바뀌기도 합니다. 울화가 치밀어 오르더라도 최악의 상황까지 가지 않은 것에 위안을 삼는다면 조금은 화가 다스려 질 것입니다.

만약, 다른 사람의 행태에 화가 나신다면, 그냥 **"자신 내려놓기"**를 하십시오. "내가 아니면 안 된다. 내 방식이어야 한다. 나는 완벽해야 한다"는 생각을 내려놓으면 세상은 조금씩 편해집니다.

다음으론 화가 발생하는 원인을 다시 한번 되돌아 보고 자신에게서 그 원인을 찾아 반성해 본다면 그 화는 조금이라도 풀릴 수가 있습니다.

1) 다른 사람에게 예를 갖춰 대했는데 응답이 시원치 않으면 내 자신이 진정 그 사람을 공경하는 마음으로 다 했는지 돌아 보십시오.
2) 다른 사람을 진심으로 사랑했는데도 친해지지 않으면 진정 어진 마음을 다 했는지 돌아보십시오.
3) 다른 사람을 관리(CARE) 했지만 제대로 따라오지 않으면 자신이 지혜롭게 관리했는지 돌아보라는 옛말을 따라 해 보기를 권합니다. **그리고 이 모든 것에 우선하는 것이 감사입니다.**

행복경영시리즈 3탄
여러분 지금 행복하십니까?

여러분 지금 행복 하십니까? 행복하지 않다면 어떻게 하면 행복해 지겠습니까? 물론 많은 분 들이 '급여수준이나 복지수준이 더욱 향상 되면' 이라는 생각도 가지실 겁니다. 저도 그런 조건 자체를 부인할 생각은 없습니다. 하지만 이 첫 번째 등장하는 조건이 우리 삶의 행복에 절대적인 요소라면, 이 세상 1%로도 안 되는 상류층을 빼고는 모두들 불행한 사람일 겁니다.

제 조카 중 한 명이 대학 졸업 후 OO전자에 입사했었습니다. 많은 친척들이 축하해 주었고 또 부러워하기도 했었습니다. 그런데 많은 분들의 만류를 뿌리치고, 딱 1년만에 스스로 퇴직을 하였습니다. 이렇게 어려운 시절에 스스로 퇴사를 하다니 얼마나 힘들었는지 상상이 될 것입니다. 1년 여를 집에서 쉰 후 다른 회사인KK전자에 입사하여 현재는 3년째 근무하고 있습니다. 지금은 상당히 흡족한 상태입니다.

그리고 한 조카는 OOO건설에 입사했었습니다. 이 친구도 1년을 채 못 채우고 튀쳐 나왔습니다. 누구에게 들었는지 우리 포스코켐텍이 〈삶의 질〉이 높다고 동경하곤 했습니다. 솔직히 외삼촌인 저의 지원을 은근히 바라는 눈치였거든요. 물론, 원하기만 하면 다 받아주는 우리 회사가 아니지요. 이 아이는 그 후 지방직 공무원 공채에 합격하고 행복하게 근무하고 있습니다. 최근 유행하는 말 〈저녁이 있는 삶〉을 찾는 사람들이 꽤나 많습니다.

물론 두 조카 녀석이 모두 나약한 친구일 수도 있습니다, 아마도 두 사람은 첫 직장에서 〈만족, 성취감, 행복한 일터〉 등과는 꽤나 거리가 멀었던가 봅니다. 우연히도 제 조카 둘의 사례를 소개했네요. 사례에서 보듯이, Top수준의 급여나 복지 수준이 결코 삶의 질도 Top수준으로 만들어 주는 것은 아닌 듯 합니다. 그렇다고 우리 회사가 삶의 질이 높은 회사라고 주장할 생각은 없습니다. 다만, 직장인의 행복이란 본인이 소속된 조직이 〈행복한 일터〉인가에 달려 있다고 봅니다.

그러면 어떻게 하면 우리의 직장이 행복한 일터가 될까요?

이번 시간은 여러분과 제가 생각하는 행복한 일터의 조건을 이야기해 보는 시간이면 좋겠습니다. 오늘은 읽어만 보고 그냥 가지 마시고 자신이 생각하는 행복한 일터의 조건을 한 마디씩 기록해 주십시오. 여러분이 진정으로 생각하는 행복한 일터의 조건 말입니다.

혹시, 자신의 글을 보고 상사가 무슨 말을 할 까봐 걱정만 한다면, 그분은 행복한 일터를 논할 자격이 없습니다. 그 분은 평생 〈행복한 일터〉를 동경만 하다가 퇴직하고 말 것 입니다. 여러분 스스로 〈행복한 일터〉의 모습을 만들고자 노력하면 쉽게 이뤄질 것으로 생각합니다. 물론 다른 회사 대비 우리 포스코켐텍은 정말 행복한 일터의 요건을 많이 갖췄습니다. 조금 더 보완해야 할 점은 어떤 것이 있는지 의견 기다립니다.

행복경영시리즈 4탄
여러분의 생각을 정리했습니다

"행복한 일터"에 대한 우리들의 의견을 종합해 보았습니다. 지난 한 주 동안 여러분의 댓글을 통하여 정리된 내용입니다. 여러분은 다음 내용에 공감하시는 지요?

많은 분들이 "행복한 일터"의 **첫 번째 조건으로** 疏通과 信賴가 있는 **일터를 꼽았습니다.** 소통하지 않으면 신뢰가 생기지 않고, 신뢰가 없으면 아무 것도 이룰 수 없다고 합니다. (無通不信無信不立). 소통과 신뢰가 넘치는 조직은, 존경 받는 상사와 사랑 받는 부하로 구성되며, 하루를 보지 못하면 동료들이 보고 싶어 빨리 출근하게 된다고 합니다. 돈, 권력 따위가 우선이 아니고 가족 같은 동료애가 넘쳐나는 조직입니다. 선후배와 상하간에 기본 예의를 갖추면 50대와 20대도 행복하게 어울릴 수 있으며, 아무리 힘든 일도 즐겁게 할 수 있다고 합니다.

두 번째로, 좋은 리더가 많아야 행복한 일터가 된다고 하는군요. 명령하는 보스가 아닌 솔선수범하는 리더가 필요합니다. 겁을 주어 힘으로 따르게 하는 보스가 아니라, 희망을 주는 리더여야 합니다. 공은 부하에게 돌리고 책임은 자신이 질줄 아는 리더가 필요하답니다. 조급하게 무언가를 빨리 이루기를 재촉하지 않고, 해야 하는 당위성과 방법에 대한 토론 시간을 많이 갖는 리더가 필요하다고 합니다. 의견을 달리한 사람도 가까이 할 수 있는 리더가 많은 곳이 행복한 일터입니다.

세 번째로, 남에게 보여지는 것이 행복이 아니고, 내가 만족하는 것이 행복이라고 하셨네요. 재미있어야 하고, 웃는 일이 많아야 합니다. 모든 것이 맘 먹기에 달린 것 같습니다. (一切唯心造). 사람들은 금요일에 평소보다 10% 행복을 더 느낀다고 합니다. 매일 매일을 금요일처럼 신나게 사시면 행복에 한 발 더 다가갑니다. "불금"을 즐기는 마음 말입니다.

그리고, 동료를 배려하는 RULE이 지배하는 조직이면 더욱 좋겠죠. 예를 들면 불특정 다수를 향한 SMS남발, E-mail발송 등은 동료들의 소중한 시간을 빼앗는 결과를 초래합니다. 스스로 자제할 수 있다면….

또 모든 것을 다 충족시킨 상태보다는 항상 2% 부족한 듯한 상태를 행

복한 상태로 주장하신 분도 계셨습니다. 戒盈杯를 거울 삼은 修身家적인 분입니다.

결국 "행복한 일터"란 남이 만들어 주기보다는, 자기 스스로 만들어 가는 것임에 많은 분 들이 공감하고 계시네요. 오늘 독서 토론회 때 나온"희망의 귀환"편 에서는 "무한한 긍정과 희망의 정신"에서 열정이 생기고 그러면 행복도 따라 온다고 합니다. "화내도 하루 웃어도 하루"라는 말이 행복한 일터를 만드는 기본자세인 것 같습니다.

끝으로 배려는 상대방을 행복하게 만들고, 배려를 한 당사자는 더 큰 행복을 느끼게 됩니다. 행복경영은 "다 함께 행복한 더 나은 세상을!"이 비전이라고 했습니다. 주변 많은 사람이 행복하지 않다고 하는데 혼자만 행복할 수는 없겠죠. 결국 나 자신이 행복 하려면 주변의 행복을 위한 자신의 역할이 필요하다고 봅니다. 그 것이 바로 配慮가 아닐까 생각합니다.

행복경영시리즈 6탄 배려하는 마음으로

"이기 북어 국 이가?"- 식당에서 고함소리가…

이 고함 하나가 모두를 행복하지 못하게 한 사건이 있었습니다. "이기 북어 국 이가?" 라는 고함이 터져 나오자, 식당 안은 이내 쥐 죽은 듯 조용하더군요. 전 좀 멀리 떨어져 있어 그 당시 상황은 잘 몰랐습니다. 식사를 끝내고 나오던 중 부근에 있던 영양사에게 무슨 일이 있었는지 물어 보았습니다.

북어 국을 퍼주는 신입 조리직원이 좀 서툴렀나 봅니다. 북어 국을 배식하면서 건더기와 국물이 적당히 섞이도록 해야 되는데, 그냥 위 에서부터 퍼다 보니 건더기 없이 국물만 들어갔나 봅니다. 그 국을 받은 남자 고객이 갑자기 큰 소리를 쳐서 주변 모두가 깜짝 놀란 사건입니다.

순간, 그 신입 조리직원의 당혹스러웠을 상황이 떠오르더군요.

아마도 그날은 큰 소리친 남자고객도, 조리직원도, 그 옆에 있었던 많은 우리 직원들에게도 행복한 일터가 되지 못했을 것이라고 생각합니다. 저 역시 행복하지가 않았습니다.

그 남자 고객이 신입조리직원을 조금만 배려를 했더라면 하는 아쉬움이 남았습니다. 또는 그 신입 조리직원에 대하여 사전에 조금만 직무교육을 실시했더라면 하는 아쉬움이…

그래서 지금 시간을 꺼꾸로 돌려서 그 순간, 그 자리를 행복한 일터로 만들어 보겠습니다.

〈 첫째, 선배들의 배려 〉

새로 입사한 신입직원에게 선배사원들이 먼저 고객들의 특성을 잘 설명하고, 배식 시에 주의할 점을 잘 설명해 주었다면,

(예: 국 그릇에 배식자의 손가락이 담기지 않게 하라, 국 건더기와 국물이 고루 섞이도록 하라, 국은 따뜻함을 항상 유지하라 등)

〈 둘째, 주변 사람에 대한 배려 〉

국그릇을 받은 남자고객이 조금만 배려해 주었다면, 조리직원이 새로 북어 건더기를 듬뿍 퍼주었을 지도 모릅니다.

(예: 조리사님! 조리보조직원이라도 이렇게 부르며, 건더기가 없어 북어 국인지, 무슨 국인지 잘 모르겠네요 라고 웃으며 조용히 한마디 하면…)

두 가지의 배려만으로도 모두가 행복한 일터가 될 수 있었으리라…

행복경영시리즈7탄
논쟁의 가치가 없을 때는 무시해라

아래 내용은 막무가내로 고집이 센 사람이 있다면, 그에 맞게 대응할 줄 알아야 한다는 가르침입니다. 자신이 행복해지려면 절대 말이 통하지 않는 어리석은 이를 억지로 이기려고 쓸데없는 논쟁을 할 필요가 없다는 것 입니다

4 x 7 = 27 이라고 주장하는 고집이 엄청난 〈어닭 −어리석은 닭〉과 4 x 7=28 이라고 주장하는 〈똑닭−똑똑한 닭〉 이 있었다. 둘 사이에 설득과 설명이 오갔지만 끝내 격한 언쟁으로 발전하였다. 둘은 재판관을 찾아갔다.

재판관은 한심한 표정으로 한참을 듣더니, 4 x 7 = 27 이라고 주장하는 〈어닭〉은 풀어주고, 4 x 7 = 28이라고 주장한 〈똑닭〉은 매질을 하라고 판결했다. 억울하다는 〈똑닭〉에게 재판관은 한마디를 하면서 자리를 뜬다.

"4x7을 27이라고 주장한 놈과 싸움을 하는 네 놈이 더 어리석다. 네가 무슨 똑똑한 닭이냐…

너를 매우 쳐서 네 지혜를 깨치게 하려는 것이다."

행복경영시리즈8탄 [최고의 리더십 - 바보리더십]

바보리더십이 행복한 일터를 만든다는 데

추석이 이틀 남았네요. 가족 분들과 행복한 시간 보내시기 바랍니다. 오늘은 행복한 일터를 구성하는 요인 중 훌륭한 리더십에 관한

이야기를 하고자 합니다. 자신이 바보가 됨으로써 상대방을 더욱 교양 있고 배려 깊은 사람으로 만들어 주는 "바보리더십"입니다. 바로 "섬김 리더십"의 극치입니다.

다음 이야기는 황재일님의 저서 "ASK, 질문으로 리드하라"에서 인용한 글입니다.

2009년 소천(召天) 하신 〈김수환 추기경님〉은 존경할 만한 분을 찾기 힘든 우리나라에서 진정한 리더로 꼽힙니다. 그 분이 우리에게 남겨놓은 발자취는 이루 헤아릴 수 없지만, 그 중에서도 자신의 초상화를 그려놓고 "바보야"라고 적어 놓은 작품은 많은 사람들을 감동시켰습니다.

또, 19세기에 영국의 수상을 지낸 두 분 〈글래드스턴〉과 〈디즈레일리〉에 관한 일화가 있습니다. 당시 유명한 두 남자는 뭇 여성들의 마음을 설레게 했습니다. 그런데 한 여성이 두 남성 모두와 데이트를 하는 행운을 거머쥐었습니다. (물론, 따로 따로). 훗날 친구들이 두 사람에 대한 평을 물었습니다.

이 여성의 대답입니다. "〈글래드스턴〉은 날 극장으로 데려 갔어, 헤어질 무렵이 되니까, 그 사람이 이 세상에서 가장 세심하고 똑똑하고 매력적이라는 생각이 들었어.

그런데 〈디즈레일리〉는 약간 차이가 있어, 그 사람은 나를 오페라에 데려갔지. 헤어질 때쯤 되니까, 바로 나 자신이 이 세상에서 가장 세심하고 똑똑하고 매력적인 사람이라는 생각이 들던 걸!"

이해가 잘 괴실 것입니다. 〈글래드스턴〉은 자신이 아는 이 세상의 모든 지식과 지혜를 동원하여 이 여성을 위한 설명, 안내, 세심한 배려 행위를 베풀었을 것이고, 후자의 〈디즈레일리〉는 오히려 이 여성이 가진 지혜와 지식 등을 인정하여 여성이 하는 설명, 안내, 마음 씀씀이를 고맙게 받아들이는 자세를 보여준 것 같습니다. 마치 자신은 그 분야에 좀 모자라는 것처럼 말입니다. 우리 주변에 〈디즈레일리〉와 같은 리더십을 가진 분이 많아질 때 진정 행복한 일터로 한 걸음 더 다가갈 것입니다.

주변 사람들에게 존경을 받고 싶고 그들을 움직여서 세상을 변화시키고 싶은가? 그렇다면 당신 스스로 바보의 자리로 내려 앉아야 한다.

이 글을 통해 우선 저부터 반성해 봅니다. 오늘부터 "바보 이종덕"이 되자는 실천력 없는 다짐을 또 해 봅니다.

· 리더가 갖춰야 할 공통분모(꿈, 修身, 疏通) ·

리더가 소통하기 위해서는 스스로는 어떤 자세를 갖춰야 하는
지를 생각해 봅니다. 먼저, 리더가 가져야 할 "인생의 프레임"과
리더된 자의 修身에 대한 교훈적인 사례를 서술해 보았습니다.

조직의 목표와 성과에 대한 훌륭한 생각으로 직원들을 이끌지
만 정작 자신은 다른 사람의 인정을 받지 못하는 인성이나 생활자
세를 가진다면 당연히 소통은 되지 않습니다. 따를 사람이 없습
니다.

우리 리더들의 자세에 관하여

오늘 이야기의 큰 교훈은 경영층이나 직책보임자의 솔선수범과 직
원사랑이 세상살이에서 가장 중요함을 깨닫게 해줍니다. 사장인 제
가 먼저 여러분과 같이 하는 발품, 손품, 입품을 실천하는 것으로
시작합니다. 이 3품을 훌륭하게 실천하신 분이 다음 고사에 소개되
는 〈오기장군〉 입니다. 제가 많이도 닮고 싶어 합니다.

오기(吳起) 장군 이야기 [연저지인(吮疽之仁)] 고사 입니다.
종기(등창)의 고름을 빨아주어 깊은 감동을 준다는 뜻으로, 중국의 고서
인 〈사기〉에 나온 말입니다. 이 말은 위(魏)나라 문후(文侯) 시대에 유명한
오기(吳起) 장군의 일화에서 유래되었습니다. 그는 사령관의 신분 이었음

에도 불구하고 병사들과 똑같은 생활을 하는 것으로 유명했습니다. 의복이나 식사도 일반 사병과 똑 같았으며, 군을 지휘할 때도 말을 타고 다니지 않은 장군으로 유명 했습니다. 심지어 사병들이 무거운 짐을 짊어지고 가는 것을 보면, 그는 언제나 달려가서 그 짐을 함께 지고 가 주었습니다.

그가 이렇게 사병과 별반 다를 바 없는 생활을 한데는 이유가 있었습니다. 그는 "아랫사람을 극진히 사랑해야 그들의 충성을 얻는다"고 믿었기 때문입니다. 어느 날 오기가 군을 시찰하던 중, 등창(등에 난 종기)으로 고생하는 한 병사를 만났습니다. 오기는 그 병사와 종기의 상태에 대해서 이야기를 나누다가 급기야 그를 치료하기 위해 그 종기를 입으로 빨아주었습니다.

이 소식이 그 병사의 어미에게까지 퍼졌습니다. 그런데 그 소식을 들은 그 어미가 보여준 반응은 이상했습니다. 아들을 치료해 준 오기에 대해 감사하거나 기뻐하기 보다는 오히려 통곡하며 울었던 것입니다. 이를 이상하게 여긴 주변 사람들은'지체 높은 장군이 종기를 빨아 치료해 줬다면 가문의 영광으로 여겨야 할 터인데 왠 통곡인가?'라며 의아해 했습니다.

그러자 그 병사의 어미는 이렇게 외쳤습니다.

"지난번에도 오 장군이 내 남편의 종기를 빨아주더니 전쟁에서 돌아오지 않고 장군을 위해 전쟁터에서 미친 듯이 싸우다가 죽었소. 그런데 이번에는 내 아들의 종기를 빨아주었다고 하오. 지아비도 목숨을 걸고 오 장군을 위해 싸웠는데, 하물며 아들놈이야 오죽하겠소."

결국 오기가 위 나라 최고의 장수가 될 수 있었던 이유는 자신을 위해 목숨을 내던지며 싸워주는 병사들의 마음을 얻었기 때문이었습니다.

제가 솔선수범하지 않고 중간에 있는 리더들에게만 오기장군을 본받길 바랄 수는 없습니다. 저도 리더의 3品을 지켜내는 리더가 될 것 입니다. 직책 보임자 여러분과 함께 말입니다.

바람직한 인재상 1

어느 회사든 가장 훌륭한 인재를 선발하여 회사와 동료를 위해 큰 기여를 할 직원으로 성장 시키는 게 인재를 생각하는 마음일 것 입니다. 그래서 옛 성현들께서 이런 이야기도 하신 것 같습니다.

"그릇은 시험 삼아 써봐야 예리한 지, 둔한 지, 정밀한 지, 엉성한 지 그 성질이나 용도를 정확히 알 수 있다고 합니다. 겉으로 능숙한 언변은 아무런 유익함이 없고, 일로 시험해 봐야 사람을 정확하게 평가할 수 있다고 합니다. 그래서 새로운 사람들에게는 정확히 업무를 부여해보고 어떤 자세로 일을 완수하는가를 처음부터 확실히 평가해야 합니다. 특히 리더가 될 사람은 철저한 자기희생과 솔선수범을 겸비해야 합니다."

회사를 구성하는 사람들 중에는 아래 세가지 유형이 있다고 합니다.

첫째, 人財(인재: 보물, 재화)로 불리는 사람이 있습니다. 회사내의 온갖 힘든 일과 남이 꺼리는 일을 도맡아 하며, 누가 보지 않아도 회사의 주인으로서의 생각과 행동을 보이는 사람입니다.

둘째, 人在(인재: 그저 존재하는 사람)로 불리는 사람입니다. 그냥 사람이 있다는 정도입니다. 결국 큰 피해를 주지는 않지만 있으나 마나 한 사람이라고 합니다.

셋째, 人災(인재: 손해를 끼칠 수도 있는 사람)로 불리는 사람도 있습니다. 이런 사람들이 있다면 회사는 정말 큰일 납니다.

우리 회사에는 누구나 보배라고 생각하는 人財만 있습니다.

바람직한 인재상 2

"똑똑한 사람보다는, 빠른 사람, 활기찬 사람, 밥 잘 먹는 사람, 큰 목소리로 대답 잘하는 사람, 똥 빨리 싸는 사람, 청소 잘하는 사람" 요런 사람을 우리 회사는 뽑습니다. "日本電算"이라는 경쟁력 뛰어난 회사의 사장이 한 말입니다.

그저 약간의 머리나, 얄팍한 지식으로 무난하게 일을 수행하는 사람은 결코 어느 회사든지 중추적인 인물로 살아갈 수 없음을 알기에, 열정이 뛰어난 각오가 대단한 사람을 찾는 회사가 많습니다.

〈다음은 "애플"사가 신입사원에게 보낸 메시지입니다.〉

세상에는 그냥 하는 일과, 일생을 걸고 하는 일이 있습니다.

당신의 손길이 곳곳에 스며든, 절대로 타협할 수 없는,

그리고 어느 주말이라도 기꺼이 희생할 수 있는 그런 일이죠.

애플에서는 그런 일을 할 수 있습니다.

사람들은 이곳에 그저 무난하게 근무하러 오는 것은 아닙니다.

그들은 여기에 끝장을 보기 위해 옵니다.

그들의 일이 어떤 의미를 지니길 원하니까요.

어떤 거대한, 애플이 아닌 다른 곳에서는 일어날 수 조차 없는 그러한…

　　　　　　　　　　　　　　　　– 애플에 오신 것을 환영합니다

저는 여러분과 함께 애플이라는 글자를 〈울회사〉로 바꾸고
싶습니다. 여러분의 생각은요?

인생의 격을 결정짓는 프레임

지난 주의 "O人O의 새로운 창조"에 대한 메시지를 보시고 많은 공
감과 동참의지를 표현해 주신데 대해 감사 드립니다. 이제 곧 오곡
백과를 수확하는 시간, 민족 최대의 명절이 다가오고 있습니다. 여
러분은 어떤 꿈을 꾸고 계시는 지요? 혹시 아직 구체화시키지 못 하
셨다면, 다시 한번 꿈을 구체적으로 꾸어보시기를 권합니다.

인생의 격은 본인이 매긴 만큼 결정된다고 합니다. 어느 골목에서 다툼
이 일어 났는데, 한 사람이 대뜸 "야! 내가 **나 팔고 있으니까 무시하는
거야?"라는 반응을 보이는 사람들을 가끔 봅니다. 결국은 이런 사람은 상
대방에게 100% 질 수밖에 없습니다. 그 사람은 자신의 직업을 스스로 격이
낮고 형편없는 것으로 자리매김하였기 때문입니다. 결국 자기의 格을, 남
들은 그렇게 생각하지 않는데, 스스로 업신여기는 사람 이라는 뜻입니다.
**세상 일도 본인이 꾼 꿈의 크기만큼만 이뤄 지고, 또 스스로 담을 쌓는
사람은 그 정도의 담 안에서만 생활할 수 밖에 없다고 합니다.**

서구의 거대한 철도회사들이 다 망하고, 대신 운송 택배 회사들이 경쟁력순위 상위를 차지하는 이유도 마찬가지입니다. 망한 철도회사들은 그들이 생각한 틀 속에서만 살았기 때문입니다. 망한 철도 회사들은 자신들의 업종을 고객과 화물을 운송하는 회사라고 생각하지 않고, 철도 레일 위에서만 일 하는 철도회사로만 생각하다 보니, 다른 운송업이나 배송업으로 전환을 못했다고 합니다.

여러분! 〈O앤O〉의 주인들은 꿈을 가진 사람, 사회적인 格을 갖춘 사람이라 생각합니다. 그런데 그냥 格이 높아지지는 않습니다. 생각과 행동이 격식을 갖추고, 합리적이고 타당한 식견을 가지며 상대방을 배려하는 사람일 때 격이 높아지는 겁니다. 우리가 읽은 한 권의 책, 우리가 꾸는 꿈들이 우리의 격을 높여주는 최고의 자산이 될 것입니다.

어떤 목수가 지은 집 - 주인의식

본 내용은 우리가 공급하는 제품의 가공 및 정비품질을 높이고, 하는 일에서 항상 주인의식을 갖자는 취지에서 말씀 드립니다. 주인의식 없이 대충 하다 보면 결국 그런 우리의 행동은 부메랑이 되어 돌아옵니다.

30년을 동고동락한 사장과 목수에 대한 이야기입니다.

어떤 고장에서 사장과 목수는 힘을 합쳐서 열심히 집을 지었습니다. 얼마나 튼튼하고 편리하게 잘 지었는지 많은 지역에 소문이 나서 이들이 지은 집은 비싸지만 잘 팔려나갔습니다. 그런데 언제부터인가 목수는 슬슬

일에 싫증이 나기 시작합니다. 꼭 사장만 이익을 다 챙기는 듯한 느낌도 들었습니다.

그러던 어느 날 사장이 집 한 채를 더 짓자고 합니다. 목수는 일을 하는 동안, 사장이 보면 열심히 하고 그렇지 않으면 대충 대충 일을 하였습니다. 못질도 대충하고 자재비도 슬쩍 빼 먹어, 잘못하면 하자투성이 의 집 이 될 수도 있었습니다. 어쨌든 집은 완성되었습니다.

새집이 완성된 날, 사장이 목수를 불러 이렇게 이야기 합니다.

"당신과 지금까지 같이한 세월이 너무 고마워 당신의 작품인 이 집을 당신에게 선물 하겠소"라고, 그러자 이 목수는 깊은 한숨을 내쉽니다. 더 이상 말을 하지 않아도 무엇을 이야기하는지 잘 알 것 같습니다.

> 책임감이 없거나, 주인의식 없이 최선을 다하지 못한 한 순간이 나
> 중에 우리 자신이 후회할 일을 만드는 일이 종종 일어납니다.
> OOO은 우리가 주인이고, 앞으로도 계속 살아나갈 우리의 삶의 터
> 전입니다. 누가 보든 보지 않든 책임 있고, 주인 된 생각으로…
> 감사합니다.

여러분은 어떤 꿈을 꾸십니까?

너무나도 쉽게 꿈이 없다고 이야기 하는 직원을 만났습니다. 이번 주부터 몇 회에 걸쳐 좋은 꿈 때문에 성공하는 사람, 꿈을 위해 노력 을 아끼지 않는 사람들의 이야기를 소개 드리겠습니다. 부디 꿈을

반드시 꾸시고 성공을 위해 항상 노력하시는 직원 이시길 바랍니다.

사람의 몸은 심장이 멎을 때 죽지만, 사람의 영혼은 꿈을 잃을 때 죽는다고 합니다.

무더운 한 주 건강히 잘 보내셨습니까?

개콘에서 새로운 장르의 개그를 열어낸 달인 김병만은 시청자들에게 웃음을 파는 게 아니고, 감동과 존경을 받습니다. 그의 개그는 노력하는 열정의 산물이며, 새로운 것에 대한 도전의 결과이기 때문입니다. 많은 분들이 단순히 웃고 넘어가는 코너가 아니고 그의 "오리진이 되는 열정"에 감동하여 박수를 보내는 코너라고 생각합니다.

나약해진 현대인들에게 불굴의 도전 정신을 보여주는 셈이지요.

그는 스무 살에 달랑 30만원을 들고 서울로 입성하여 개그맨이 되고 싶은 열정으로 서울예전 입시 6회, 백제대 입시 3회, MBC개그맨 공채에 4회, KBS개그맨 공채에 3회 떨어진 후에 스물일곱 살에 KBS개그맨 공채로 입사합니다. 그는 요즘도 하루 2~3시간 밖에 정식 수면시간을 가지지 못합니다.

그의 온 몸은 도전하는 연기 때문에 상처투성이고 손가락은 휘어지고 마디는 굵어진 상태로 그의 노력하는 연기의 증거가 됩니다.

그런 그가 책을 출간하였습니다. "난 꿈꾸는 거북이… 느려도 지치진 않습니다"란 자서전입니다. 16전 17기의 그의 인생과 꿈을 가져야 이룰 것도 있다는 주장을 보여줍니다. 출간 하루 만에 2판인쇄를 했을 정도로 많이 읽히고 있답니다.

요즘 TV광고에도 잠(시간)을 정복하지 못한 영웅은 없다는 영상이 나옵니다. 여러분! 오히려 시간이 없다고 느낄 때 여러분의 땀은 더 빛을 발합니다. 그 시간에 받아들인 한 문장이 여러분의 인생을 바꿀 수 있습니다.

비전이나 꿈이란 남이 만들어 주는 게 아니라 본인 스스로 꾸어야 합니다. 꿈을 꾼다고 모든 것이 다 이뤄지는 것은 아니지만, **본인이 꾸어 보지 못한 꿈은 결코 이루어지지 않습니다.**

감사합니다. 좋은 한 주 되세요!

'꿈'을 가진 사람의 이야기입니다

세계적인 호텔왕 "콘래드 힐튼"의 젊은 시절의 이야기에서 "꿈"을 가지고 일하는 사람의 성공사례를 볼 수 있습니다. 콘래드 힐튼은 호텔의 벨보이 였습니다. 그는 미국에서 가장 큰 호텔의 사진을 구하여 책상 위에 붙여 놓고 그 호텔의 주인이 된 자신의 모습을 매일 상상 했습니다. 그리고 벨보이 일을 하면서도 사장의 관점에서 고객들을 보며 응대방법을 연구하곤 했습니다.

그런데 많은 다른 벨보이 중에서도, 호텔경영 능력이 더 뛰어 나거나, 더욱 열심히 일하는 사람이 많았습니다. 그런데 유독 "힐튼"만이 호텔왕이 될 수 있었던 것은, 바로 **꿈의 유무, 꿈꾸는 능력 의 차이였다고 합니다.** "온 힘을 다해서 성공한 자신의 모습을 그렸던 사람은 오직 한 사람 힐튼 뿐이었다. 성공하는데 있어서 가장 중요한 것은 꿈꾸는 능력입니다." 생생하고 절실하게 꿈꾸는 능력, "꿈의 시각화"의 힘이기도 합니다.

지난 주 일요일 우리회사 직원 OOO 군의 결혼식에서 주례를 했습니다. 많은 동료들과 일가 친지들이 참석하여 축하해 주었습니다. 특히, 친구들의 축가와 함께한 이벤트는 젊은 세대들의 특성을 살린 훌륭한 진행이었습니다. 정말 축복받은 자리였습니다. 이 자리에서도 제가 가장 강하게 강조했던 말씀은 역시 "꿈"을 설계하라는 것 이었습니다.

결혼을 했건 하지 않았건 직장을 가지게 되면 한 가정을 스스로 책임지는 형태의 사회구성원이 됩니다. 그 가정의 경영자로서, 꼭 필요한 것이 "꿈"입니다. 향후 나의 가정은 어떤 "목표"를 가질 것인가? "나"는 어떤 꿈을 꿀 것 인가? 라는 제시였습니다.

꿈을 꾸는 것은 이 세상을 지혜롭게 사는 능력이라고 생각합니다.

그런데 그 꿈을 꾸는 시기는 따로 있는 게 아닙니다, 젊은 사람, 신혼인 사람만 꿀 수 있는 꿈이 아니고, 지금보다 더 나아 질려는 꿈은 언제 꾸더라도 늦은 것이 아님을 말씀 드립니다.

중국에는 "나무 심기에 가장 좋은 날은 20년 전 이고, 두 번째로 좋은 날은 바로 오늘, 지금이다"라는 속담이 있다고 합니다. 그렇습니다. 언제든지 꿈을 꾸거나 목표를 설정하면 그 시점부터 새로운 노력과 정열을 투자하게 됩니다.

"꿈은 꾼다고 다 이뤄지는 것은 아니지만, 꿈조차 꾸지 않는다면 아무것도 이룰 것이 없다고 합니다."

그리고 세상에는 세 종류의 사람이 있다고 합니다.

첫째는 **단순히 꿈만 꾸는 사람들입니다.** 하지만 이런 분들은 아무런 계획도 행동도 없이 스스로 만든 꿈속 세계에만 사는 사람들로서, 당연히 꿈을 이룰 수 없는 분들입니다.

둘째는 **현실만 보는 사람들입니다.** 오직 차가운 이성으로 현실만 보는 사람은 꿈을 꾸지 못합니다.

세째는 **꿈을 현실로 만드는 사람이 있습니다.** 확고한 신념과 목표의식을 가지고 구체적인 계획을 세워 실천할 줄 아는 사람만이 꿈을 현실로 만드는 사람입니다.

독서는 누구나 1등인생으로 만들어 줍니다

새해 들어 OOO의 주인인 직원 여러분께 귀한 선물 드립니다. 오늘 이 선물이 여러분께 지급하기로 한 결산 성과금 보다 가치가 더 크다고 저는 생각합니다. 그 선물은 여러분이 1등 인생을 사는 비결입니다. 책이 만들어 주는 1등 인생 반드시 성취 하십시오.

1) "돈 있는 사람만 인정받는 더러운 세상. 1등만 기억하는 더러운 세상 "이라는 말을 입에 담고 사는 사람이 있다면 그 사람에게 묻고 싶다.
  "부자는 갈수록 더 부자가 되고, 가난한 자는 갈수록 더 가난한 자가 되는 우리나라에는 (혹은 우리회사는) 희망이 없다"라고 말하는 누군가 에게도 묻고 싶다.

떨리는 목소리로 감히 묻고 싶다.

"지금 당신은 어떤 책을 읽고 있는가 ?"

2) 돈없고, 능력없고, 배경없다고 생각하는 사람들이여 인문고전을 치열하게 읽어라. 특히 시간 없다고 말하는 사람들도 없는 시간을 쪼개라.

중국 북송때의 왕안석은

"가난한 사람은 독서로 부자가 되고, 부자는 독서로 귀하게 된다"고 했습니다. 여기에 항상 제가 강조하던 말씀을 한번 더 드립니다. "나무심기에 가장 좋은 때는 20년전 이었고, 두 번째로 좋은 때는 바로 지금이다." 그렇습니다 책을 읽어 부자가 되기에는 늦음이 없습니다.

오늘은 남은 인생을 시작하는 첫 날이라고 합니다

나폴레옹 힐은 "오늘 나의 불행은 내가 잘못 보낸 지난 시간의 보복이다." 라고 말했습니다. 지난 잘못에 사로잡혀 미래를 위한 준비를 놓쳐서는 안 된다는 의미로 생각합니다.

그런데 우리 주변에는 지난 잘못된 시간에 사로잡혀, (미래의 어느 시점에서 보면) 지금 이 순간을 잘못 보낸 시간으로 남길지도 모르는 사람들이 꽤나 많습니다. 그런 분들에게는 "잘못된 지난 시간의 보복과 오늘의 불행"

이라는 악순환은 계속될 것입니다.

우리 ○○○人은 오늘에도 충실하되 미래를 위한 준비에도 소홀함이 없었으면 좋겠습니다. 기억나는 금언 중에,

"오늘은 나의 남은 인생을 시작하는 첫날이다"

"나무 심기에 가장 좋은 날은 이십 년 전 오늘이었고, 두 번째로 좋은 날은 바로 오늘이다." 가 있습니다. 미래지향적인 삶으로 이끄는 선인들의 지혜입니다.

> 오늘 이야기의 마무리는 자기 인생의 "꿈"을 갖자는 것, 꿈꾸는 능력을 키우자는 것으로 합니다. 125운동으로 학습과, 감사와, 주인의식을 되새기며 한 해를 마무리하시면 좋을 것 같습니다

"시간을 훔친 도둑이야기"

미국의 국민시인 로버트 프로스트의 이야기입니다. "문학을 사랑하는 모임"에서 강연을 하던 중 입니다. 많은 사람들이 질문합니다. "선생님은 시간을 어떻게 활용하여 그렇게 위대한 시인이 되었습니까?" 그 자리에 모인 사람들은 대부분 "글을 쓸 시간이 모자라서 시인이나 작가가 되지 못했다"고 생각해온 사람들이었습니다.

프로스트가 말했습니다. "여러분은 비밀을 지켜줄 수 있습니까? 그렇다면 저만의 방법을 알려드리지요." 청중은 무조건 비밀을 지키겠다고 약속했습니다.

프로스토는 정말 큰 비밀을 털어놓듯 말했습니다. **"저는 마치 도둑놈처럼 시간을 좀 훔쳤습니다. 식사시간도 훔쳐오고, 잠자는 시간도 훔쳐오고, 사람들이 잡담하는 시간도 훔쳤지요. 그리고 훔쳐온 그 시간을 용감하게 휘어잡고 시 쓰는 연습을 했습니다."**

청중들은 무언가에 얻어맞은 듯한 상태로 대꾸 한마디 못하고 말았습니다. 프로스트가 계속 말을 이어갑니다. "흔히 사람들은 자신이 늘 바쁘다고 생각하지만, 필요한 시간은 언제든지 만들 수 있는 겁니다. 저처럼 말입니다."

여러분! 훔칠 수 있는 시간은 얼마든지 있습니다. 여러분이 가진 꿈과 그 꿈을 이루려는 열정의 차이에 따라 훔치는 시간의 양은 다르겠지요. 누구는 훔친 시간으로 기사 자격증에 이어 기능장까지 취득하고, 누구는 점심시간을 훔쳐 일을 하고 남는 시간은 퇴근이전에 마무리를 완벽히 하는 주변 성찰의 시간으로 삼는 분도 계시더군요.

리더 메시지 - 꿈의 주인은?

날씨가 좀 풀린 듯 하다가 다시 추워지기를 반복하고 있습니다. 지난 토요일에는 작업현장을 방문하여 격려하는 시간을 가졌습니다. 추운 날씨에 새해의 꿈을 같이 이루고자 노력하시는 직원 여러분의 수고가 많음을 현장에서 직접 느꼈습니다. 김미경님의 "드림 온"의 내용 중에 공유하고픈 몇 줄을 언급합니다.

모든 꿈의 주인은 그 것을 먼저 떠올린 자가 아니다.

직접 발로 뛰며 내 것으로 만드는 자가 꿈의 주인이다.

꿈은 똑똑한 뇌가 아닌 성실한 두발로 평생 키워가는 것이다.

여러분 위 말씀은
꼭 회사의 꿈[비전]만을 이야기 하지는 않습니다.
당연히 개인의 꿈을 구체화해 보십시요.
그 꿈을 찾아 조금씩 실행해 나가다 보면
인생이 훨씬 재미있고 해 볼만한 것임을 느끼게 됩니다.

스스로 생[업무]의 한계를 짓는 사람들

스스로 한계를 설정하고, 자신 없어하는 언행을 하다 보면 결코 그
울타리를 벗어날 수 없습니다. 프레임에 갇힌 이야기를 사례로 소
개합니다. 우리는 빨리 그 한계에서 벗어나야 합니다.

사례1) 애니메이션 동화 "치킨런"에 나오는 이야기입니다. 주인공 암탉
인 "진저"는 탈출을 포기하고 열심히 알이나 낳자고 하는 닭 들에게 이렇

게 외칩니다.

"여러분의 문제가 뭔지 아세요? **양계장의 울타리가 눈 앞에만 있는 것이 아니고, 바로 여러분의 머릿속에 있는 것입니다**"

사례2) 도심 한 복판에서 말싸움이 벌어졌습니다. 술 취한 손님과 싸우는 상대는 한 성질 하는 OO 집 사장입니다. 근데, 그 OO 집 사장님 曰 "야, OO이나 팔고 있으니까 사람이 우습게 보여? 사람을 뭘로 보고" **이 사장님은 스스로를 OO이나 팔고 있는 사람은 우스운 사람으로 만들었습니다.**

사례3) 1863년 링컨 대통령이 노예해방을 선언했을 때, 많은 노예들이 자유를 찾아 떠날 것이라는 예상을 했지만, 대부분은 예전처럼 주인을 받들고 살기를 원했다고 합니다. 이미 그들은 노예로 사는 것이 자신들의 팔자라고 **머릿속에 울타리를 치고 살았기 때문입니다.**

> – 나는 20년동안 담배를 못 끊었는데 지금 어떻게…
> – 지금까지 책 읽는 것 모르고 살았는데, 새삼스럽게 뭘,
> – 처음인데 이거 우리가 어떻게 할 수 있을까?
> – 하던 대로, 지금처럼 있으면 되는데 새로운 뭐가 더 필요해?
> – 우리 같은 협력사 직원이 이 정도만 하지 뭐…
> 이런〈생각의 한계〉를 빨리 벗어나야 합니다.

한계는 누가 설정 하는가?

많은 회사들이 어려운 경영환경하에서 살아남기 위해 상상을 초월한 목표를 내세우고 있습니다. 우리 회사도 예외는 아닐 것이고 우리의 마음도 때론 목표달성에 대한 걱정에 휩싸이기도 합니다. 세계적인 천재 수학자인 "존 밀러"의 사례를 통해 한계를 극복한 내용을 공유합니다.

한 학생이 허겁지겁 강의실로 뛰어들어왔지만 이미 수업은 끝나고 칠판에는 몇 가지 수학문제가 적혀 있었습니다. 다음시간까지 제출해야 할 과제라고 생각한 이 학생은 간신히 한 문제 만을 노트에 옮겨 적고 집으로 왔습니다. 내성적이었던 이 학생은 누구의 도움도 없이 혼자서 그 수학문제를 풀었습니다. 그리고 다음 수업시간에 그 답을 제출하면서, "죄송합니다 교수님! 문제를 다 적지 못해 한 문제만 풀었습니다."라고 말했습니다.

그 노트를 받아 본 교수님은 놀란 충격에 쓰러질 뻔 했습니다. 그 학생이 제출한 수학문제는 1950년대 수학계의 난제인 "3차원 공간속 닫힌 곡선"에 관한 것이었다고 합니다. 수학 분야에서 가장 권위있는 아벨상, 필즈상, 울프상을 모두 수상한 3관왕 "존 밀러"의 이야기 입니다.

그는 말합니다. **"만약 그 문제가 난제중의 난제인줄 알았다면. 나는 풀려고 시도하기조차 힘들었을 것이다. 그냥 다음시간에 풀어서 제출할 과제라고 생각했기에 나는 문제에 쉽게 접근할 수 있었다."** 라고 말했습니다.

조직의 핵이 되는 사람 - 실천형 인간

많은 修身書와 리더십 이론서가 서가를 채우고 있는 것은 그 만큼 현시대가 修身과 리더십을 중요하게 생각한다는 의미일 것 입니다. 그렇지만 쏟아져 나온 많은 책들을 다 읽었다고 해서 당연히 修身이 되거나 리더십이 갖춰지지는 않나 봅니다.

즉, 아는 만큼의 실행이 필요한데, 우리는 책 속에서 얻은 그 귀한 교훈을 남에게 가르치려고만 들지 본인이 직접 실천하는 모습은 많이 보여주지 못하는 것 같습니다.

실천을 통하여 남들로부터 인정받을 때에 진정한 리더, 훌륭한 조직인이 되리라 생각합니다. 오래 전에 나온 책이지만 이건희 회장의 에세이속에서 접한 실천형 인간의 유형을 소개해 드립니다.

생색이나 내고 자기를 과시하는데 열심인 사람을 〈화학비료형 인간〉이라고 합니다. 이들은 예스맨, 관료화된 인간과 공통점을 가진다고 합니다. 능숙한 말솜씨로 여러 가지를 말하는데, "사원이라면 이렇게 해야 한다" 와 같은 3인칭 화법을 즐겨 쓴다는 것 입니다. 이들은 그냥 많은 사원 중의 한 명, 즉 〈조직속의 한 點(점)인 사람〉 일 뿐 입니다.

조직에는 음지에서 묵묵히 일하는 〈퇴비형인재〉가 필요한데, 이들은 어떤 사안의 발생시에 "내가 하겠다(1인칭화법)"고 말하고 자신이 실행하는 사람 들입니다. 회사에서는 꼭 필요로 하는 사람을 "조직의 核(핵)이 되는 사람"으로 표현하더군요.

당신은 우리 조직의 핵이 되는 사람입니까? 조직 속의 한 점 입니까?

서비스경영의 현장 - 서울역 아울렛 매장에서

어제 서울역 아울렛 매장에서 만났던 이 여성을 오래도록 기억합니다.

서울역 도착하니 기차시간(19시30분)이 딱 40분 남았습니다. 아울렛 매장이 보이길래 잠시 발걸음이 옮겨집니다. 어떤 매장 앞에 예쁜 모습의 한 여성과 우리 아내를 예쁘게 보일 수 있는 옷 한 점이 동시에 눈에 들어옵니다. 얼른 접근해서 그 옷을 살피니 그 여성분이 제 서류가방을 받아주며 옷에 대해 친절히 소개합니다.

"아내에게 딱 맞겠는걸!" 그러고는 스마트폰으로 촬영하여 아내에게 보냅니다. 카톡으로 답이 옵니다. 이리저리 돌려가며 찍어라. 누구에게 한번 입힌 후에 찍어봐라, 내가 생각해도 시간이 좀 걸리고, 꼭 살 것 같은 분위기 였습니다.

그런데 결정적으로 들어온 아내의 짧은 글 "그냥 와."

제가 다시 답신 합니다. "당신에게 어울릴 것 같은데, 이월상품이라 60% 나 싼데". 그래도 다시 돌아온 대답 "그냥 와"

제가 겸연쩍은 미소와 함께, 그 여성을 쳐다보며… "다음에… "그 여성분을 정면으로 보기가 좀 민망했습니다.

그녀는 부드러운 미소를 보내며
"괜찮아요. 여자는 참 복잡하죠" 그녀가 말합니다.
저는 부담감을 떨쳐 버리고 기차로 향합니다.
기차 안에서 그녀의 센스 있는 고객응대가 자꾸 생각납니다.
그 분에게 한 수 배워서 감사한 하루였습니다.

첫 눈에 반한 책 1권이면 족하다

안녕하세요. 상임감사입니다. 비가 오면 어떤 생각이 드세요.
집에 가시더라도 창문을 두드리는 빗소리를 들으면서 단 몇 페이지
라도 책 읽기를 해 봅시다.

[독서는 지적 활동을 할 수 있는 인간에게 주어진 선물이다. 그럼에도
많은 사람들이 선물을 풀어보지도 않고 바쁘다는 이유로 외면하고, 귀찮
고 재미없다는 이유로 포기해 버리고 만다. 그 안에 당신의 인생을 바꿀
열쇠가 들어있는데도 말이다. 지금이라도 늦지 않았다. 매일 조금씩 포
기하지 않고 책을 펼쳐보길 바란다. 분명 당신의 기대를 뛰어넘는 선물을
받았음을 깨닫게 될 것이다]

　　　－ "사이토 다카시/ 독서는 절대 나를 배신하지 않는다" 에서

세상에 좋은 책은 무궁무진하고 우리의 시간은 한정되어 있다.
흥미가 가지 않는 책을 억지로 읽으려 애쓰지 말고, 첫 눈에 반한 책부
터 먼저 읽어라.

1권을 재미 있게 읽어야 100권을 읽을 수 있다.

마음을 똑똑하게 해 주는 책

마음을 따뜻하게, 인생을 지혜롭게 해주는

이야기를 알려주심에 감사 드리면서 공유합니다.

[다시 오지 않을 오늘을 위한 선택]은 제대로 된 책 읽기 입니다.

억지로 어려운 책 읽으면서 스트레스 받지 말고 내가 정말 읽고 싶은 책을 읽으세요.
잡지도 실컷 보고 만화책도 맘껏 읽으세요.
요일 별로 꼬박꼬박 웹툰도 챙겨보고요.
머리를 똑똑하게 해주는 책이
전문서적일지는 몰라도
마음을 똑똑하게 해주는 책은
스토리가 담긴 책입니다.

애니팡 대신 책304권 읽어

| 사장생각 |

대학생이니까 책 읽어야 한다는 개념으로 보지 마시고, 근로장학생으로 일할 정도로 바쁘고 생활에 여유가 없지만 책만은 꼭 읽는다는 젊은 사람의 사례로 봐 주시기 바랍니다.

"게임 점수가 낮은 것에는 신경을 쓰면서, 남들보다 책 한 권 덜 읽는 것에는 아랑곳하지 않는 사람들의 생각이 많이 바뀌었으면 좋겠습니다."
건국대학교 상허기념 도서관은 올해 '다독왕'으로 지난 11개월간 304권을 대출한 지리학과 4학년 김유나 학생(22)을 선정했다고 26일 밝혔다.

김유나 학생은 지난 11개월 동안 총 304권의 책을 대출해 읽어 건국대학교 학부생과 대학원생, 교수와 교직원을 통털어 가장 많은 도서대출 건수를 기록했다. **매일 1권 정도의 책을 읽은 셈이다.**

독서광인 김씨는 특히 심리학 관련 책과 심리소설, 자기계발서 등을 주로 대출해 읽었다. 김씨가 대학 1학년 때부터 4학년까지 도서관에서 대출한 책은 총 1314권. 한 해 평균 328권을 읽은 셈이다. 1학년 때는 177권, 2학년 때는 362권을 대출했다. 3학년 때는 471권이나 빌렸다.

책이 좋아 학교 도서관에서 반납 도서 정리 등 근로장학생으로도 일하는 김씨는 "책을 읽는 것을 피곤하고 귀찮은 일로 생각하는 사람이 많아 안타깝다"고 말했다. 김씨는 "다른 사람의 경험이나 생각을 적은 돈으로 단 몇 시간에 얻을 수 있다는 점이 독서의 가장 큰 장점"이라고 강조했다

ROLL SHOP의 주인은 우리가 아닐까?

오늘 다른 회사 리더들과 OOOOO 임원, 부장들과 합동으로 QSS 즉 실천 활동차 원료공장에 다녀왔습니다. 원료공장이면 낙광과 분진이 범벅이 되어 있을 줄 알았고, 상당히 긴장한 상태로 갔었습니다. 그런데 도착하자마자 너~무 놀랐습니다. 그 넓은 원료공장의 벨트컨베이어 하부가 정말 깨끗하게 유지되고 있었습니다. 솔직히 우리 회사 롤샵보다 더 깨끗했습니다.

저는 며칠 전 안전작업 점검차원에서 우리의 주 공간인 롤샾의 전 환경을 세밀히 돌아보았습니다. 그때의 느낌은 우리직원들이 꽤나 주변환경에 무디다는 느낌을 받았었지만, 오늘 원료공장과 비교해 보니 우리의 환경관리수준이 무딘 정도가 아니라 매우 심각한 수준임을 느꼈습니다.

"원료공장과 롤샾" 누가 생각해도 롤샾이 훨씬 깨끗할 것이며, 기기관리가 잘 될 것이라고 생각할 것입니다. 그러나 현실은 정반대 였습니다.

문득 "롤샾의 주인이 우리가 아닌가?" 하는 생각이 들기도 하더군요.

우리가 일하는 작업장이 먼지로 뒤덮여 있을 때, 저는 우리가 제공하는 제품의 품질도 걱정이지만 무엇보다도 작업자인 직원 여러분들의 건강이 더 문제일 것이라고 생각합니다. 롤샾의 주인이 우리가 아니라고 여길 때 우리 OOO은 없습니다

ROLL SHOP의 주인은 우리가 맞더군요

ROLL SHOP의 주인은 우리가 맞더군요!

너무 감사합니다

지난 주에 리더주간메시지를 통하여 "우리가 ROLL SHOP의 주인이 아닌가?" 라는 질문을 던진 기억이 납니다만, 그것은 사장의 기우에 지나지 않았습니다.

최근 롤샾의 상태를 보면 분명 우리가 주인이 맞습니다.

모두들 열정적으로 내 집, 내 방처럼 열심히 쓸고 닦아,

유리알처럼 반짝이는 롤샾으로 변화시켜 놓았더군요.

너무나 고마웠습니다. 너무나 감사했습니다.
이제 이런 주인의식 계속 유지되었으면 합니다…

우리말 제대로 - 커피 나오셨습니다

어제는 한글날이었습니다. 모든 국민이 가장 쉽게 쓸 수 있고 또, 소리와 의미를 가리지 않고 가장 훌륭하게 표기되는 한글을 만들어 주신 세종대왕님과 학자님들께 감사를 드립니다. 틀리기 쉬운 존경어 사례를 공유합니다.

근데, 한글에서 가장 어려운 부분이 존경어라는데요. 어제 방송에서도 나왔지만, 잘못 쓰이는 존경어와 자기 낮춤말이 우리를 당혹스럽게 합니다.

　(사례 1) 커피 나오셨습니다 → **커피 나왔습니다.**
　(사례 2) 사장님한테 보고 → **사장님께 보고**
　(사례 3) 우리 사장님께 보고 시에, 저희 회사로 지칭 → **우리 회사**

〈**저희 나라**〉라고 불러서는 안됩니다. 당당하게 〈**우리 나라**〉라고 불러야 합니다.
같은 회사 임직원끼리 이야기 할 때는 (사장님이 계셔도), 우리회사가 맞습니다. 단, 팀장이 사장님께 보고 시에는, 저희 팀에서 라고 하는 것이 맞습니다.

한 사람 한 사람이 모두 대표이다

〈직원 한 사람 한 사람의 언행이 회사를 살리기도 하고, 죽이기도 합니다〉

자신이 행동을 어떻게 하느냐에 따라 자신이 속한 조직에 대한 주변의 평가가 달라집니다. 당신은 자기 가정, 회사, 동네를 대표하는 사람입니다. 백 마디의 말보다 작은 것이라도 실천에 옮겨야, 그래서 주변 사람들이 먼저 변화를 느낄 수 있어야 진정한 일류 아닐까요?

어느 교회 옆에 큰 잡화점이 있었습니다.

언제부턴가 잡화점 주인이 고객들에게 칭찬을 늘어놓습니다.

주 인 : "새로 부임한 목사님이 설교를 아주 잘 하시네요."

고 객 : "그래요. 그럼 지난 주에는 목사님이 어떤 설교를 하셨는지 아세요?"

주 인 : "아뇨, 가게 일이 바빠 설교를 들은 적이 없어요."

고 객 : "그럼 목사님이 설교를 잘하시는 것을 어떻게?"

주 인 : "그, 그거야… 뭐, 지금 목사님이 오신 후로 신도들이 외상값을 잘 갚더군요"

어느 교회의 주보에서 읽은 이야기라고 합니다. 〈정지환님의 30초 감사에서〉

맹사성 이야기 - "고개를 숙이면 부딪히는 법이 없다"

"고개를 숙이면 부딪히는 법이 없다."란 말은 자기를 낮추라는 의미이며, 지는 것이 궁극적으로는 이기는 길임을 가르치는 것 같습니다. 재미있는 옛 이야기를 올립니다.

— 혜민스님/ 멈추면보이는 것들

"고개를 숙이면 부딪히는 법이 없다."고 합니다. 이 말은 조선 초 맹사성 에게 한 고승이 준 가르침입니다. 열아홉에 장원 급제하여 스무 살에 군수에 오른, 뛰어난 학식의 맹사성은 젊은 나이에 높은 자리에 올라 자만심으로 가득했습니다. 그러던 어느 날, 맹사성은 인근에서 유명한 선사를 찾아가 물었습니다.

"스님이 생각하기에, 고을을 다스리는 사람으로서 내가 최고로 삼아야 할 좌우명이 무엇이라고 생각하오?"그러자 스님이 대답 했습니다.

"그건 어렵지 않습니다. 나쁜 일을 하지 않고 착한 일을 베푸시면 됩니다."

"그런 건 삼척동자도 다 아는 이치인데, 먼 길을 온 나에게 해줄 말이 고작 그 것 뿐이오?"

맹사성이 거만하게 말하며 일어나려 했습니다. 그러자 스님은 차나 한 잔 하고 가라고 붙잡았습니다. 그리고 스님은 맹사성의 찻잔에 찻물이 넘치는 데도 계속 차를 따르는 것이었습니다. 이게 무슨 짓이냐고 소리치는 맹사성에게 스님은 말했습니다.

"찻물이 넘쳐 방바닥을 적시는 것은 알고, 지식이 넘쳐 인품을 망치는 것은 어찌 모르십니까?"

부끄러움을 느낀 맹사성이 황급히 방문을 열고 나가려다 문지방에 머리를 부딪히고 말았습니다. 그러자 스님이 빙그레 웃으며 말했습니다.
"고개를 숙이면 부딪히는 법이 없습니다."

| 생활하면서 경계할 일 |
"그건 어렵지 않습니다. 나쁜 일을 하지 않고 착한 일을 베푸시면 됩니다."라는 고승의 말에
"그런 건 삼척동자도 다 아는 이치인데, 먼 길을 온 나에게 해줄 말이 고작 그것 뿐이오?"라며 맹사성이 화를 낸 것은, 실천이 안 되는 부분에 대한 깨우침이며,
"찻물이 넘쳐 방바닥을 적시는 것은 알고, 지식이 넘쳐 인품을 망치는 것은 어찌 모르십니까?" 어찌 넘치는 것이 지식만 이겠습니까?"
라는 고승의 말씀은, 지나친 자신감, 자만심, 오만, 주변 사정 무시 등도 자신과 세상을 망치는 일임을 일깨우는 것 같습니다.

제대로 된 疏通에는 스토리텔링이 필요하다
〈眞理〉도 〈이야기〉를 옷으로 입어야 한다 - 탈무드에서

세상살이에서 眞理와 眞實이 중요하고 필요하지만, 진리, 진실 그 자체만으로는 많은 사람의 호응을 얻는 것에 한계가 있다고 합니다. 그래서 꼭 필요한 진리를 잘 받아들일 수 있게 소통하는 방법

중에 이야기가 있습니다. 이야기 속에 자연스럽게 진리를 섞어서 전달하면 많은 이들이 쉽게 이해하고 따르게 됩니다.

이야기를 잘 만드는 것, 스토리텔링이 요즈음의 대세입니다. 만들어낸 제품, 제공되는 서비스, 그리고 동료들 후배들과의 소통에도 이야기(꿈을 곁들인)가 필요합니다. 이 이야기는 자신이 가진 상상력의 폭만큼, 꿈의 크기만큼 이야기가 전개됩니다. 상상력, 꿈은 역시 자신이 경험한 범위가 결정짓게 됩니다. 책을 읽고, 여행을 하고 대화를 하는 가운데 생겨납니다. 125운동 지속 동참하시기를 권합니다. 교훈되는 이야기를 탈무드에서 인용하였습니다.

어떤 사람이 헌 옷을 샀습니다.
집에 와 보니 옷에 다이아몬드가 들어 있었습니다.
이 다이아몬드가 누구의 것이지? 내가 가져도 될까?
그는 고민하다 랍비를 찾아가 물었습니다.
"이 다이아몬드는 누구의 소유입니까?"
랍비는 대답했습니다.

"자네 아이를 데리고 헌 옷을 판 사람에게 가서 다이아몬드를 돌려주게, 그러면 자네는 다이아몬드보다 더 귀한 교육을 자네 아이에게 선물로 주는 것이네."

절차의 공정성

"절차의 공정성"이란 말이 있습니다. 이 내용도 결국은 올바른 소통 방법의 문제, 또는 배려하는 방법의 문제 에서 시작된다고 볼 수 있습니다. 다음 사례를…

한 런던 경찰관이 불법회전을 한 여성 운전자에게 교통위반 티켓을 발부했다. 그러자 그 운전자는 그 지역에 아무런 금지표시가 없다고 이의를 제기했고, 경찰관은 낡아 구부러져서 확인하기 어려운 표지판이 있었음을 알려주었다. 몹시 화가 난 그 여인은 법정에 제소하기로 했다. 마침내 공판 날짜가 되었고, 그 여성은 그때의 상황에 대해 조급하게 설명하려고 했다. 그러나 그녀가 그 사건의 부당함에 대해 설명하기도 전에 판사는 그녀의 변론을 제지시키고 그녀에게 잘못이 없다고 간단하게 판결했다. 그녀의 기분은 어떠했을까? 정의심? 승리감? 만족감?

그 것이 아니라 그녀는 당혹감과 심한 불쾌감마저 느끼게 되었다. "나는 정의를 위해 왔습니다. "그녀는 불만을 토로했다. "그러나 판사님은 어떠한 상황이 일어났는지 설명할 기회를 주지 않았습니다."
판사의 배려가 필요했던 부분입니다. 당연히 억울한 사연을 설명할 기회를 제공한 후 판결을 내려주는 것이 훨씬 더 당사자를 배려하는 행동이라고 생각합니다.

바꾸어 말하면, 그녀가 그 결과에 대해서는 만족 했는지는 모르나, 그 결과가 나오기까지의 진행과정이 대해서는 만족할 수 없다는 것 입니다.

아니 오히려 결과에서 얻은 만족감보다 절차가 공정치 않아 발생한 불쾌감(설명할 기회, 잘못된 기준 적용 등을 성토할 기회를 주지 않은데 대한) 이 **훨씬** 더 크다는 것 입니다.

이런 사례는 다른 곳에서도 종종 발생합니다.
남을 배려한다고 하는데 "배려하는 방법"이 문제일 수가 있습니다.

* 회사가 미리 알아서 개선해주는 작업환경 개선이나 편리시설 개선 시에도 관계자들의 사전 의견이나 건의절차를 무시한 채 일방적으로 진행하면, 그것이 아무리 관계자를 위한 제도개선이라 해도 쉽게 수용이 되지 않는 경우도 있습니다.

* 개인에 대한 지원이나 교육도 절차를 통하여 충분한 사전 설명과 의사교환이 오고 간 후 추진하면 실행효과가 더욱 커질 것입니다.

회사일 이라도 좋고, 일반적인 인간사중의 관계라도 좋습니다. 사전에 서로 소통하고 의견을 들어보고 하는 것은 좋은 일에서나 나쁜 일에서나 반드시 필요하다고 생각합니다.

리더, 스탭부서 직원, 그리고 경영층이 주의해야 할 내용입니다.
바로 절차의 공정성입니다. 적절한 배려방법과 함께 말입니다.

자신의 수양으로 동료들의 존경을 받는 법

저와 대화를 한 몇몇 직원들이 제가 올린 메시지가 좀 길다는 의견이 있어 오늘부터는 좀 짧게 하려 합니다. 혹시 너무 짧다고 실망하시지는 마세요. 그러나 장담은 못하겠습니다.

"잘한 것은 남이 했다고 하고,
잘못한 것은 내가 했다고 하면
백성이 다투지 않는다.

그러므로 군자는
자기가 할 수 있는 것을 가지고 남을 헐뜯지 않으며,
남이 못하는 것을 가지고 그 사람을 부끄럽게 만들지 않는다."
공자님의 말씀입니다

우리 회사가 이전보다 나아 졌다면 그것은 주인이신 직원 여러분의 공로입니다. 여러분이 믿고 따라 와 주셨는데도 잘못되면 그것은 경영하는 사장의 잘못입니다.

바람직한 리더론 1 - 리더와 참모의 자세

신하(참모)의 역할은 간쟁[諫諍]에 있고, 리더의 역할은 간쟁을 듣는 것, 참는 것, 그리고 간쟁을 많이 하는 신하를 품어주는 것입니다.

오늘 날 리더와 참모의 자세를 잘 표현한 것이라 생각합니다.

이 드라마는 정도전이 주도하여 역성혁명을 이끌어 이씨 조선을 건
국해가는 과정을 엮어냅니다. 저는 개인적으로 바람직한 리더상에
관심이 많아 자주 보게 되는 것 같습니다. 지난 주 내용은 이렇습니
다. 리더의 자세에 대한 교훈적인 내용입니다.

역성혁명의 주체가 된 이성계가 천도를 지시하자, 정도전을 위시한 집
정 대신들의 반대에 직면하게 됩니다. 새 나라의 왕으로서 고려의 흔적을
털어버리고 새로운 나라의 모습을 새로운 땅에서 찾기 위해 천도하자는
이성계의 주장에 대해, 정도전을 위시한 집정대신들은 지금 당장의 천도
는 도탄에 빠진 백성들에게는 너무 큰 짐이 되므로 시기를 뒤로 미루자고
반대를 하는 것이었습니다. 그런데 그 갈등의 도가 심각한 수준에 이르게
됩니다.

이 때, 태조 이성계가 정도전에게 질문을 던집니다. 신하의 임무가 무
엇인가? 정도전은 간단 명료하게 대답합니다. 왕의 잘못된 판단이나 행
위에 대하여 끊임없이 간쟁[諫諍]하는 것입니다. 이성계는 다시 묻는다.

**그러면 왕[리더]의 역할은 무엇인가? 정도전은 단호하게 말합니다. "신
하와 백성의 말을 듣는 것, 신하의 간쟁을 보고도 참는 것, 그리고 간쟁을
많이 하는 신하를 품는 것"** 입니다.

드라마를 보면서 리더들의 자세에 대해 많은 생각을 하게 되었습니다.

바람직한 리더론 2 - 돌직구와 휼간(諭諫)

우리는 TV에서 "NO라고 말할 수 있는 사람"이란 광고를 보아왔다. 그러나 그 "NO"의 방법에 대해서는 정작 배운 바가 없다. 상사나 선배의 말이 불합리하다 해서 그냥 돌직구를 날림은 결코 바람직한 일이 못 된다. 광고를 잘못 이해하여 무모하게 반대하는 것은 정말 순진하고 유아적인 발상이다. 그렇다고 반대를 하지 말고 "YES"를 외치자는 말은 아니다.

아래에 고전을 통하여 훌륭한 "NO"의 방법을 공유해 본다. 시경에는 〈윗사람은 노래로써 아랫사람을 교화하고 아랫사람은 노래로써 윗사람을 풍자한다. 완곡하게 에둘러서 충고하니 말하는 자는 죄가 없고 듣는 자는 경계하기에 충분하다〉라는 글이 나온다.

좀더 설명을 드리자면. 리더를 설득하는 것은 예나 지금이나 참 어렵다. 미리 결론 내린 사안에 대해 반대의견을 피력하는 행동도 마찬가지다. 잘못하면 리더를 더 격하게 만들게 되므로 리더 앞에서 시시비비를 가리는 것은 서로가 불편한 행동이다. 따라서 현명한 이는 돌직구로 상사, 리더의 역린(逆鱗)을 건드리지 않고, 에둘러서 완곡한 표현으로 간언하는 방법을 취하기도 한다. 이를 휼간 (諭諫) 이라 한다.

"새 한 마리 때문에 사람을 죽이게 되는 일"을 막은 제 나라 재상인 안자(晏子)의 이야기는 참으로 되새길 만 하다.

제 나라의 경공은 새 기르는 것을 좋아했다. 어느 날 아름다운 새 한 마리를 얻게 되어 〈촉추〉라는 전문가에게 맡기면서 잘 돌보도록 했다. 며칠 후 새가 도망을 가자 경공은 화가 나서 〈촉추〉를 사형에 처하라고 했다.

이때, 곁에 있던 재상 안자(晏子)가 "제가 먼저 〈촉추〉의 죄상을 낱낱이 밝히겠으니 그런 다음 죽이도록 하시지요."라고 경공에게 간했다. 경공이 그렇게 하라고 말하자. 안가는 〈촉추〉의 세가지 죄상을 다음과 같이 열거했다.

"〈촉추〉는 첫째, 대왕이 맡긴 귀한 새를 실수하여 날아 가게 한 죄를 범했고, 둘째, 일국의 군주로 하여금 새 한 마리 때문에 사람을 죽이게 한 죄를 범하게 되며, 셋째, 이 사실이 알려지면 우리 임금은 새만 중히 여기고 백성의 목숨은 가벼이 여기는 임금으로 알려지게 될 것이다. 그러므로 너의 죄를 볼 때 죽어도 마땅하다."

안자의 이 말에 깨달음을 얻은 경공은 새 전문가 〈촉추〉를 풀어주고, 슬기로운 신하인 안자를 무척 아끼게 되었다는 이야기이다.

바람직한 리더론 3 〈非人不傳 不才勝德(비인부전 부재승덕)〉

인사 철이 되니 문득 떠오르는 글귀가 있다.
부끄럽지만 고전을 직접 볼 실력은 안됨을 고백할 수 밖에 없다.
그렇지만 눈이 곧 보배라, 국수 조훈현님이 친절히 적어주신 책
속에서 인용하고 싶은 글을 찾았다

인격이 문제 있는 자에게 높은 벼슬이나 비장의 기술을 전수하지 말고, 재주나 지식이 덕(德)을 앞서게 해서는 안 된다.

아무리 실력이 좋아도 정상의 무게를 견뎌 낼만한 인성과 덕이 없으면 잠깐 올라 섰다가도 곧 떨어지게 된다.

인사를 하는 사람이나, 인사 대상자 모두 새겨 들어야 할 좋은 말씀이다.

"승리자 아닌 채무자" - 김난도 교수의 강의내용 중

한국 최고의 두뇌들이 모이는 서울대 입학식 축사 이야기입니다.
합격해서 축하를 받을 상황이지만, 그런 만큼 불합격자들에 대한
채무도 생각해야 합니다.
마찬가지로 우리가 어떤 수준에 도달해 있다면 우리의 수준 때문에
희생한 다른 분들의 처지도 생각해 주는 배려심이 필요합니다.
우리도 승리자의 자부심보다도 우리를 지원해 주는 파트너사들에게
채무를 지고 있음을 알아야 합니다.

"당신이 여기 앉아있기 위해 탈락시킨 누군가를 생각하십시오. 당신은 승리자가 아닙니다. 당신은 채무자입니다." [김봉구 기자]

올해 서울대학교 입학식 축사 연사로는 청춘멘토로 유명한 김난도 교수가 나섰다. 신입생들을 향해 "여러분이 희망"이라고 강조한 그는 "자기 자신만이 아닌 사회적 약자와 공동체를 함께 생각하는 선(善)하고 책임 있는 인재로 성장해야 한다. 스펙이 아니라 지성의 성장을 위해, 좋은 직업이 아니라 조국의 미래를 위해 혼신의 힘을 다해 공부하라"고 주문했다.

그러나 이어진 축사는 덕담보다는 각성과 분발을 촉구하는 내용이 주를 이뤘다. 그는 "유사 이래 최고의 스펙을 가졌다는 지금 대한민국 젊은 세대가 힘들다고 한다. 정말 힘든 것은 희망이 보이지 않는다는 것"이라고 진단한 뒤 "좋은 날에 답답한 얘기를 꺼내 미안하다. 하지만 듣기 좋은 덕담이나 막연한 인사말보다는 여러분이 맞닥뜨릴 냉혹한 현실을 솔직히 얘기하고 각성과 분발을 당부해야겠다는 생각을 했다"고 설명했다.

최근 종영한 인기 드라마 '미생'에 등장한 '사업놀이'란 말을 인용해 날선 비판을 던졌다. 정치인은 '정파놀이'를, 관료는 '규제 놀이'를, 대기업은 '갑질놀이'를, 고용주는 '착취놀이'를 하고 있다 는 것. 진짜로 문제를 해결하지는 않고 그저 열심히 하는 흉내만 낸다는 얘기다. 자신을 비롯한 대학 교수들 역시 현실을 수수방관하며 연구실적만 채우는 '논문놀이' 중이라고도 했다.

국내외 도전을 극복해 이 같은 교착 상태를 풀어낼 대안은 젊은이들에게 있다고 힘줘 말했다. 그는 "나라 안에선 세대 이기주의가 문제다. 지금 우리에게 필요한 건 '세니오르 오블리주 (senior oblige)', 즉 나이 든 자의 책무"라며 "청년들이 우리의 미래다. 젊은 세대에게 투자하고 양보하고 그들의 미숙함을 배려하지 않는 사회에 내일은 없다"고 역설했다.

이어 "나라 밖의 도전은 더욱 심상찮다. 일본은 혐한 감정이 커지고 있고 중국은 한 순간에 세계 최강국으로 자라났다"면서 "중국에서 가장 놀라운 것은 '쥬링허우'(90년대 출생자)와 같은 젊은 세대의 열정이다. 중국 대학생들은 제2의 마윈, 제2의 레이쥔을 꿈꾸며 해만 뜨면 도서관으로 나가 하루 종일 정말 열심히 공부한다"고 전했다.

이를 위해 서울대 교정에서 함께 성장해 나가야 할 공동체에 대한 **책임**

의식과 이타정신을 배우라는 조언도 곁들였다.

"에베레스트산이 세계에서 가장 높은 이유는 히말라야산맥에 있기 때문이다. 그 준령에서 한 뼘만 더 높으면 세계 최고가 될 수 있다"며 "혼자 높으려고 해선 안 된다. 선함과 책임감을 바탕으로 우리 공동체를 히말라야산맥처럼 키운 뒤 자신이 한 뼘만 더 성장한다면 가장 높은 산이 될 수 있을 것"이라고 덧붙였다.

가르칠 것은 확실히 가르치는 리더
빼빼로 데이는 아는데 '턴 투워드 부산'(Turn Toward Busan)은 처음 이지요?

오늘은 11월 11일입니다. 빼빼로 데이라고 가게들이 불이 나는군요.

그런데 〈11월11일 11시〉는 우리나라 우리 국민에게 더 중요한 의미가 있는 시간임을 오늘에야 알았습니다. 상술과 젊은이들의 생각에만 같이 휩쓸려 부끄럽게도 이 나이에도 〈빼빼로 데이〉라고만 알았던 우리가 반성해야 합니다. 제대로 알고 가르쳐 주지 못한 어른들이 반성해야 합니다.

〈11월11일11시〉는 바로 〈턴 투워드 부산-Turn Toward Busan〉 행사가 열리는 시간 입니다. 6.25 전쟁에 참전하여 희생 당하신 용사를 위해, "결코 당신을 잃지 않겠다"는 의미로, 부산 남구에 있는 유엔기념 공원을 향해 세계곳곳에서 묵념을 하는 행사가 벌어지는 시간입니다.

이 행사는 6.25에 참전한 캐나다인 〈빈센트 커트니〉의 제안으로 2007년부터 시작되었다고 합니다.

이렇게 의미 있는 날이었는데,

중요한 날 이었는데 〈빼빼로 데이〉만 기억한 저를 반성합니다.

걸음을 멈추고 돌아보라!!

주위를 둘러보면 아래의 나무꾼처럼 열심히 하기는 하는데 효율적인 방법이나 절차를 잘 모르면서 하는 경우가 더러 있습니다. 한번쯤은 하던 일을 멈추고서 돌아보는 것도 인생의 지혜일 법 한데… 더러운 걸레로 열심히 청소를 하다 보면 집안은 더 더러워 지는 법인데…

에이브러햄 링컨의 말 입니다. "내게 나무를 벨 여덟 시간의 시간이 주어진다면, 그 중 여섯 시간은 도끼를 가는 데 쓰겠다."

길을 가다가 보니 나무꾼이 나무를 베고 있었다. 땀을 뻘뻘 흘리면서 톱질을 열심히 하고 있었지만 나무는 끄떡도 안 했다. 왜 그럴까 자세히 들어다 보니 톱날이 다 무뎌져서 아무리 노력해도 전혀 베어지지 않았다.

"이봐요, 나무꾼 아저씨! 잠깐 쉬면서 땀도 좀 닦고,

그 톱날도 날카롭게 벼리면 쉽게 나무가 베어질 텐데요."

그러자 나무꾼은 손을 내저으며 대답했다.

"괜히 말 시키지 말고 저리가시요. 지금 그럴 틈이 어디 있소."

어느 여학생의 비행기 탑승전략
간절함이 방법을 찾게 한다

와튼스쿨 인기강의 —'어떻게 원하는 것을 얻는가 / 김태훈 옮김' 인용

파리행 비행기로 갈아 탈 탑승구가 가까워 질 무렵 발걸음이 점점 느려 졌다. 다행히 비행기는 아직 떠나지 않고 있다. 그러나 탑승구는 이미 닫혔고, 직원들은 말없이 탑승권을 정리하고 있었다. 비행기와 연결되는 통로는 이미 닫힌 상태였다.

나는 숨을 헐떡거리며 한 직원에게 말했다. "저기, 이 비행기를 좀 타야 하는데요." "죄송합니다. 탑승이 끝났습니다." "이전 비행기가 10분 전에 착륙하는 바람에 늦었어요. 그쪽 직원들이 여기로 미리 전화 준다고 했는데요." "죄송합니다. 문을 닫은 후에는 탑승을 하실 수 없습니다."

학수고대했던 주말여행이 무산될 수도 있다는 사실에 남자친구와 나는 적잖이 당황했다. 창밖에는 우리가 타야 할 비행기가 아직은 서 있었다. 어둠 속에서 계기판 불빛을 받은 조종사들의 얼굴이 보였고, 잠시후엔 엔진 음이 높아지는 가운데 형광봉을 든 지상요원이 천천히 활주로를 향해 걸어갔다.

그런데 갑자기 어떤 생각이 떠올라 비행기 조종석에서 잘 보이는 곳에 유리창 한가운데로 남자친구를 끌고 갔다. **그리고 온 신경을 집중하여 조종사가 우리를 봐주기를 기다렸다. 마침내 조종사 한 명이 고개를 들었고, 유리창 건너편에서 낙담한 채 서 있는 우리를 보았다. 나는 간절한 눈길로 그를 보면서 뭔가 메세지를 던지기로 결심했다.**

-툭. 나는 힘없이 가방을 바닥에 떨어뜨렸다.

아주 잠깐이지만 그 순간이 영원히 끝나지 않을 것처럼 길게 느껴졌다. 이윽고 그가 무슨 말을 하자 다른 조종사도 고개를 들어 나를 쳐다보았다. 나는 애타는 눈빛으로 그를 바라보았다. 마침내 그가 고개를 끄덕였다.

잠시 후 엔진소리가 잦아들고 탑승구의 전화기가 울렸다. 전화를 받은 직원은 이런 경우가 처음이라는 듯 놀란 눈으로 우리를 바라보며 말했다. "어서 짐 챙기세요. 기장님이 허락하셔서 탑승하셔도 됩니다." 우리는 너무 기쁜 나머지 서로를 얼싸안고 잽싸게 가방을 들었다. 그리고 조종사에게 감사의 마음을 담아 손을 흔들어 준 다음 서둘러 연결통로로 달려 갔다.

이미 이륙준비가 끝난 비행기를 타기 위해 단 한마디도 하지 않았지만, **상대방에게 강력한 무언의 호소를 하면서 대단히 극적인 결과를 얻어낸 것이다. 협상을 가장 잘 한 사례중의 하나로 꼽힌다고 한다.**
오늘은 남은 인생을 시작하는 첫날입니다.
2011년도 저물어 갑니다. 생각해보면 많은 아쉬움이 남는 시기이기도 합니다. 하지만 지난 일에 사로잡히기 보다는 다가올 미래를 위한 준비의 시간이 되었으면 합니다.

자기들만의 성을 쌓는 자의 불행

OOO의 참 주인이신 어느 직원이 보내온 메일 내용을 올립니다. 다음 글은 물질적인 나눔만을 의미하지는 않은 것 같습니다. 너무 우리 회사, 우리 그룹, 우리 팀, 우리 일 만을 고집하고 다른 사람(다른 조직)과 담을 쌓으려고 하면, 우리는 그 담을 쌓는 일에 쓸데없는 정력, 시간을 낭비할 수 밖에 없습니다.

즉 우리 것만 지키려다가 힘을 다 소진하고 우리 스스로를 힘들게 합니다. 다른 사람, 다른 일들과 어울리며 남들의 생각, 이야기도 인정해 가면서 사는 지혜가 필요하다고 봅니다.

| 우화내용입니다 |

꿀벌은 자기들이 만든 꿀을 인간에게 빼앗기는 것이 억울했습니다.

그래서 하루는 하나님 앞에 엎드려 간구했습니다.

"하나님! 인간이 벌집 안에 있는 꿀을 뺏으러 와서 너무 억울합니다. 벌집 근처에 오는 자를 위협할 수 있는 무기를 주십시오."

그러자 꿀벌의 간청에 못 이겨 '독침'이라는 무기를 주셨습니다.

무기를 받은 꿀벌은 대단히 기뻐했습니다.

꿀벌은 자기들이 만든 꿀을 보호하기 위해 무기를 가진 것을 축복으로 생각했습니다. 그러나 동시에 그 침을 사용하면 자신도 죽게 되었습니다.

결국 자신의 유익만을 추구하다 보니 자신에게 찾아온 불행을 생각하지 못한 것입니다. 차라리 마음을 열고 나눌 수 있었다면 자기 생명과 바꾸는 그런 불행은 없었을 것입니다. 혹시 우리는 이런 독침과 같은 요소를 가지고 있지는 않은지요?

1만 시간의 법칙과 '마부작침'(磨斧作針)

마음이 조급한 현대인은 하는 일이 조금만 힘들어도 짜증내고 불만을 표합니다. 우리 자녀 중에도 자주 싫증을 내고 집중이 안 되는 사람도 있습니다. 지금 하는 일은 적성에 맞지 않으니 다른 일로 바꿔 볼까? 나만 이렇게 힘든 세상을 사는가? 왜 이 일은 다시 해야 하는가? 등 어떤 일의 성공여부를 너무 성급하게 판단하지는 않는지요?

누구는 연봉이 얼마이고, 누구는 이적료만 얼마를 받고, 그들은 특별히 선택 받아 쉬운 일에 때깔 나는 일만 얻어서 하는 데, 나는 죽도록 고생해도 빛나지도 않고 소득도 적으니 세상 살 맛 안 난다는 느낌을 가지기도 합니다.

오래전에 읽은 책 중에 **"1만 시간의 법칙"**이 생각납니다. 사람들은 자기가 하는 일에 익숙해지기 위해서는 엄청난 노력과 인내가 필요하다는 내용입니다. 이 세상 모든 일은 그 일을 좀 알겠다라는 느낌을 가지려면 연속해서 1만시간 정도는 투자를 해야 어느 정도 익숙해 진다는 것이지요.

하루에 8시간 기준으로 일을 한다고 치면 약 1250일이 소요됩니다. 근데 1년에 약 250일 정도 일 한다고 치면 꼬박 5년이 걸리고요. 대충한다면 10년 세월 동안 한가지 일을 해야 만 그 일을 좀 안다고 할 수가 있답니다.

'마부작침(磨斧作針)'이라는 고사성어도 있습니다.

당대 뛰어난 문장가 이백은 젊은 날 학문의 깊은 이치를 깨닫고 싶었습니다. 그래서 입산하여 공부를 시작했는데 도중에 그만 공부를 하는 것이 싫증이 났습니다. 결국 공부를 포기하고 산을 내려 오다가 계곡에서 바위에다가 도끼를 갈고 있는 한 노인을 발견했습니다. 이백은 노인에게 도대체 무엇을 하는 것이냐고 물었습니다. 그러자 노인은 도끼를 갈아서 바늘을 만들려고 한다고 대답했습니다.

이백이 도끼를 갈아서 언제 바늘을 만들겠냐고 핀잔을 주자 그 노인은 이렇게 대답했습니다. "중도에 포기하지 않는다면 될 수 있지." 이백은 그 말에 들은 후 다시 산에 올라가 학문에 매진하여 결국 큰 깨달음을 얻게 되었다고 합니다.

신입사원이 입사 후에 적응하기가 어렵다든가, 새로 시작하는 무슨 특별 작업이 어려운 것은 당연한 일이라 생각됩니다. 조금은 여유를 갖고 끈기 있게 노력할 필요가 있다고 봅니다.

습관이야기 - 새로운 환경 적응하기 !!!

우리는 오래 전부터 하던 일에 너무나 익숙해 져 있어, 그 일이 조금만 바뀌면 적응하기에 힘들어 합니다. 변화하지 않고 살수는 없는지 끝까지 버텨 보기도 합니다. 갈수록 경영환경이 어려워져서 우리가 지속적인 성과를 내어 파이를 키우기 위해서는 지금껏 안 해본 분야를 받아들여야 할 필요도 있습니다.

어느 분의 글에서 인지 기억은 잘 안 나지만 습관에 관한 재미있는 글이 있어 소개합니다. 우리의 자녀들 (혹은 현재 젊은 직원들 중에도 있을 수 있답니다)중 화장실에 가면 이어폰을 귀에 꽂고, 노래를 흥얼거리며 볼 일을 보는 경우를 봅니다. 제 아들녀석도 그 중에 하나… 요 또래 (나이가 스물 대여섯 살 정도)나 되면서도 하의를 완전히 발목까지 훌러덩 까 내린 후 용변을 보고 있다는 사실입니다. 혹시 공감하시는 분 계신지 모르겠네요….

그런데 더욱 놀라운 사실은 서양인들은 성인이 되고 나서도 많은 사람들이 제 아들녀석처럼 화장실에서 발목까지 바지를 까 내린 후 용변을 본다는 사실을 알았습니다. 이 글을 쓴 분이 분석한 결과는 어릴 적 사용하던 변기의 높이차이에서 이런 습관이 발생한다는 것입니다. 어릴 적에는 양변기 또는 비데 위에 앉으려면 키가 모자라므로 하의를 완전히 벗거나 아니면 발목까지 벗겨내려야 용변 시 불편함이 없으므로 항상 그렇게 해 왔는데, 이게 습관이 되어 성장하여 키가 커서 높은 변기에 앉는 것이 불편함이 없는 데도 습관적으로 그렇게 한다는 것입니다.

반대로 우리처럼 어릴 적에 푸세식 혹은, 수세식 변기를 이용했거나, 풀밭을 이용하던(?) 사람들은 옷이 더럽혀 질 까봐 가능한 옷을 많이 내리지 않았었습니다. 이런 사람들은 지금껏 하의를 조금만 내리고 용변을 본다는 것입니다. 웃으면서 넘길 수 있는 일이지만, 여기서 우리는 습관의 무서움을 느낄 수 있다고 생각합니다.

우리는 오래 전부터 하던 일에 너무나 익숙해 져 있어, 그 일이 조금만 바뀌면 적응하기에 힘들어 합니다. 어찌보면 변화하지 않고 살수는 없는지 끝까지 버텨 보기도 합니다. 갈수록 경영환경이 어려워져서 우리가 지속적인 성과를 내어 파이를 키우기 위해서는 지금껏 안 해본 분야를 받아들여야 할 필요도 있습니다.

> 올 해 들어 스마트워크 외주작업물량을 늘려 연말성과를 늘리자는 약속을 한 바 있습니다. 이 작업들은 분명히 익숙지 못한 작업이기도 하고 안 해 본 시스템에 속하기도 할 것입니다. 기존 작업대비 힘이 들고 또 시간도 바쁘게 돌아갑니다.
> 하지만 땀방울 없는 과실은 없다고 봅니다. 사장과 직책보임자 들이 앞장서겠습니다. 믿고 따라와 주시는 주인 여러분 감사합니다

리더의 갖춰야 할 품격[3품 이야기] 어느 리더의 손品

작년 연말쯤인가 혁신관련 교육을 받는 중에 기억에 남는 내용입니다. 3品을 잘 갖춰야 훌륭한 리더가 될 수 있다는 내용이었습니다. 〈발品〉〈손品〉〈입品〉에 관한 이야기 입니다.

첫째는 **손품입니다.** 리더 본인이 직접 손으로 行한다는 것, 즉 남에게만 맡기지 않고 리더가 스스로 실천, 실행하는 모범을 보이는 것입니다. 결국 솔선수범을 이야기합니다.

둘째는 **발품입니다.** 사무실이나 자기 자리에서 남에게 지시 또는 부탁만 할 것이 아니라, 현장을 잘 돌아보며, 많은 구성원들과 현장에서 대화하고, 현장의 인력상황, 설비상황 안전상황 등을 현장에서 확인하여 개선

점을 찾는 것을 말합니다. 즉, 현장에 답이 있음을 나타냅니다.

마지막으로 **입품**은 끊임없이 사람을 칭찬하고, 격려하는 일입니다. 또 필요 시에는[안전작업상황 등] 현장에서 조언을 하기도 합니다. 이는 상호간의 감사를 끌어내기도 합니다. 칭찬과 감사와 더불어 소통의 중요성을 이야기 합니다.

> 어제 야간에 모 그룹장께서 그 동안 외주작업에 힘들어 하시는 그룹원들의 고충을 이해하고, 현장작업상황을 직접 체험하고자 야간특별작업을 직접 수행하며 근무하셨습니다. 본인이 직접 연마작업도 하면서 그룹원들의 어려움도 덜어 주시려는 의도였다고 봅니다. 위에서 언급한 손품을 충실히 실행한 사례에 해당됩니다. 밤 새도록 손품을 실천하면서 근무하신 분께 감사를 드립니다. 감사합니다. 감사합니다.

탈무드의 내용 중에서 - 죽어서도 가치가 남는 건 善行뿐

여우 한 마리가 맛있는 포도가 주렁주렁 달린 포도밭 주위를 돌며 그 안으로 들어 갈려고 골똘히 생각을 하고 있었다. 궁리를 거듭한 여우는 사흘을 굶어 몸을 홀쭉하게 한 다음 가까스로 울타리 틈을 뚫고 들어갈 수 있었다. 여우는 달콤한 포도를 마음껏 먹었다.

그러나 막상 도망 나오려고 하니 배가 불러 빠져나올 수가 없었다. 그래서 여우는 다시 사흘을 굶어 몸을 홀쭉하게 한 다음에야 간신히 빠져나올 수 있었다. 여우는 중얼거렸다. 결국 배가 고프기는 들어갈 때나 나올 때나 마찬가지구나.

인생도 이와 마찬가지라고 합니다. 인간은 누구나 알몸으로 태어났다가 죽을 때 역시 알몸으로 돌아갈 수 밖에 없습니다.

사람은 죽으면 세 가지를 이 세상에 남기게 된다고 합니다. 〈가족〉과 〈부귀〉와 선행입니다. 그러나 〈선행〉만이 모두가 인정하는 가치가 될 것입니다.

국가의 안위를 앞세우고 개인의 은원관계는 뒤에 두는 리더

중국 조 나라에 〈인상여〉라는 훌륭한 장군이 있었다. 당시 진 나라의 소양왕과의 담판에서, 조나라 왕인 혜문왕을 잘 보좌하여 조나라의 존엄을 지키는 큰 공을 세웠다. 그 공으로 〈인상여〉는 단번에 상경(승상급)에 임명되었다. 이때 조나라의 실력자이던 〈염파〉장군이 있었는데, 이 일을 몹시 시기하여 인상여보다 자기가 더 뛰어난 장군이고 공도 많이 세웠는데 인상여는 알량한 혀로 별볼일 없는 공을 세워서 승진했다고 불평불만을 하며 인상여를 모욕주기에 바빴다.

그럼에도 인상여는 아무런 반응도 보이지 않고 모른 체 하였다. 그러자 인상여를 따르는 많은 수하와 식객들이 인상여에게 다음과 같이 하소연을 한다. "우리가 승상을 따르는 것은 승상의 고상한 인품과 정의감을 흠모하기 때문입니다. 승상은 염파를 두려워하여 피하기만 합니다. 우리들은 이만 승상을 떠나려 합니다." 이 하소연을 들은 인상여는 다음과 같이 말한다. "여러분은 염파와 진나라 소양왕 중에 누가 더 두렵소? 당연히 소양왕이 더 두려울 것이요. 그러나 나는 진나라 소양왕을 꾸짖으며 그의 신하들 앞에서 모욕을 느끼도록 까지 했소.

그런데 지금도 진 나라가 우리나라를 넘보지 못하는 것은 우리나라에 염파장군과 내가 같이 있기 때문이요. 만약 우리 두 사람이 싸운다면 적국들은 이 때를 이용 우리나라를 침략할 것이요. 내가 염파장군을 피하는 것은 바로 국가의 안위를 앞세우고 개인의 은원관계는 뒤에 두기 때문이오."

이 인상여의 이야기는 그의 식객들을 통하여 염파장군의 식객에게 알려지고 염파장군의 식객들은 이 것을 염파에게 전달한다. 염파장군은 크게 후회하며 자신의 몸을 사슬로 묶어 인상여에게로 가서 자신의 어리석음을 뉘우치며 용서를 빈다. 그 이후로 염파는 충심으로 인상여를 섬기며 국가를 우선하는 마음가짐으로 정사에 임하게 되며 나라는 부강해 진다.

리더의 처세론1 : 曲則全 [굽어 짐이 곧 온전한 것이다]

오늘의 메시지 제목으로 曲則全(굽히면 온전하게 보전된다 -노자 도덕경)을 골랐습니다. 고개를 숙이면 부딪히는 법이 없으며, 진정한 고수는 뛰어난 척 하지 않는다고 합니다.

오늘 한번 나 자신을 굽히거나, 고개를 숙이면 나와 나를 만난 모두에게 행복이 찾아옵니다.

그리고 이런 내용들이 "네 약함을 내세워라 -마슈취안" "적을 네 편으로 만들어라 -묵자"등의 책 속에서 많은 분들에게 읽히고 있습니다.

꼭 한번 읽어 보시기를 권합니다

"못생긴 나무가 산을 지킨다"는 옛말이 있습니다. 나무가 조금의 굽어짐도 없이 너무도 곧게 보이면 그 나무는 곧 베어져 건축물을 짓는데 쓰여집니다. 반대로 적당히 굽어진 나무는 오래도록 그 산에서 주변과 어울리며 산을 지킬 수가 있다고 합니다.

인간사의 이치도 이와 같아서, 자신의 뛰어남만을 굳이 강조하고, 남의 말은 들을 잘 들어주지 않으며, 너무 강하고 곧은 모습만 보이는 것, 한마디로 자신의 주장을 굽힐 줄 모른다면 이웃과 융화하며 살아 갈 수 없다고 합니다. 이 이치는 가족과의 관계에서든, 동료와의 관계에서든, 상하관계 에서든, 고객과의 관계에서든 다 해당됩니다. 그런데 어떤 분은 이 굽어질 수 있음을 마치 비굴함의 전부 인양 오해하는 분도 있습니다.

오늘 한번 나 자신을 굽히거나, 고개를 숙이면 나와 나를 만난 모두에게 행복이 찾아옵니다.

현대는 인간과 인간과의 관계 주변과의 융화가 더욱 강조되는 시대입니다. 그래서인지 요즈음에는 옛 성현들의 말씀을 다시 되새기며 삶의 지혜를 알려주는 많은 가르침들이 다시금 강조되고 있습니다.

리더의 처세론 2: 당신을 기쁘게 한 사람도 스승이고, 힘들게 한 사람 역시 스승입니다

지금껏 성장하면서 어른들로부터 수백 번도 더 들어왔던 말이 있습니다. "지는 것이 이기는 것이다." 그런데 무한 경쟁의 시대에 접어들면서 이 말은 먼 옛날의 이야기거나, 아니면 그냥 패배자들의 변명처럼 들려왔습니다. 그래서 지는 것처럼 보이는 것을 싫어하고 기를 쓰고 말(言)이라도 이기려고 합니다.

그렇지만 지혜로운 사람들은 요즈음에는 새롭게 이런 생각을 합니다. "진정한 승자는 지는 척 상대방을 배려하고, 상대를 주연으로 만들고 나 자신이 스스로 조연이 될 줄 아는 사람입니다."

계속 이겨만 오신 분들은 한번 져 주십시오. 새로운 세상이 열립니다

그래서 어느 분의 글을 인용해 봤습니다.

김밥은 매끈하게 썰어진 몸뚱이 것보다 맨 끝 자투리가 푸짐해 더 맛있습니다. 사람도 너무 완벽하고 매끈하면 인간미가 덜해 보이고,

어딘가 좀 허술한 구석이 보이고 솔직한 사람이 더 인간적이고 매력 있습니다.

고개를 숙이면 부딪히는 법이 없습니다.

오늘 하루

당신을 기쁘게 한 사람도 스승이고, 힘들게 한 사람 역시 스승입니다.

계속 이겨만 오신 분들은 한번 져 주십시요. 새로운 세상이 열립니다.[사장 曰]

리더의 처세론 3 : 혜민스님의 글 중에서

내가 옳은 것이 중요한 것이 아니고,
우리가 다같이 행복한 것이 더 중요합니다

사람들은 누구나 자신들이 절대 양보할 수 없는 믿음이나 가치관, 생각
들이 있습니다.

자신의 관점에서 볼 때 이것 들은 정말로 좋은데,
안타깝게도 다른 사람과 함께 옳다는 느낌을 공유하지 못하거나,
자신과는 정반대로 생각하는 사람을 만날 때가 있습니다.
우린 의도하지 않았지만
말을 하다 보면 자신도 모르게 자신이 얼마나 옳은지
격한 감정까지 드러내며 말을 하게 됩니다.

그런데 그 대화 후에 남는 것은 결국 상처뿐이지 않나요?
자신 생각의 순수성과 고결함 때문에 다른 사람들이 상처 받고 있는 것
은 아닌지, 또 자신도 상처받고 있는 것은 아닌지 생각해 봐야 합니다.

잊지 마십시오.

내가 옳은 것이 중요한 것이 아니고

우리가 같이 행복한 것이 더 중요합니다

정말 "좋은 말"은 듣는 이에게 위로가 되는 말

이 세상에는 말, 문장 그 자체로 진리인 말이 많습니다. 분명히 맞는 말, 옳은 말, 진리이긴 한데, 그 말을 듣는 사람은 기분이 나쁜 경우가 많습니다. 어떤 경우는 진리와 같은 그 말 한마디가 듣는 이에게 가슴을 비수로 찌르는 듯한 아픔을 안겨주는 경우도 많습니다. 이런 말들은 옳은 말. 바른 말일 수는 있으되, 결코 좋은 말은 될 수가 없답니다.

자기 아내가 옆집 부인과 언쟁을 하고 들어왔을 때, 남편들의 말

"아니, 그 부인 말도 일리가 있던데, 왜 당신은 자기 주장만 그렇게 하여 이웃간에 분란을 만들지?" 또는 "우리가 많은 말을 하다 보면 실수가 나오게 마련인데 당신이 평소에도 말을 많이 하더니 말 중에 실수를 했나 보네. 조심하라니까"

부인은 이런 말을 들으면, 마치 마지막 남은 응원군에게 까지 배반당한 느낌이 들것입니다. 결코 그 상황에 좋은 말은 못됩니다.

이 때는 당연히 부인의 맘을 달래주는 센스 있는 말, 정말 "좋은 말"이 필요합니다.

"아니, 그 옆집 부인 왜 그래… 왜 그렇게 고집이 세지, 내가 보니까 당신이 많이 양보하는 것 같던데, 그 사람 도무지 말이 안 통하는 사람 같아… 당신 잘 참았어요. 그런 중에도 마지막으로 날린 당신 한마디가 상당히 결정타로 보여… 그 집 남편 오늘 꽤나 힘들겠던 걸, 다음에는 그 결정타는 그 가정을 위해서 조금만 약하게 해주지"

이 정도 하면 정말 좋은 말이 되지 않을 까 생각됩니다.

결국, 좋은 말이란, 듣는 이와 공감한 상태에서, 그 상황에서 듣는 이에게 위로가 되는 그런 말입니다.

목표를 세워라 [서동요 작전]
- 주변 사람에게 큰 소리로 알리십시오. 자신의 목표를 -

이달의 추천도서 "어떤 하루" (신준모 지음)의 프롤로그에 나오는 내용을 인용합니다.

저자는 자신을 실행의 천재라고 말 하는데, 그런 배경에는 바로 "서동요작전"이 있답니다.

다들 잘 아시죠 "서동요" - 선화공주님은 ~~~~ 서동방을…

하고 싶은 일을 미리 소문부터 내놓고 나서 그대로 실행되도록 엄청난 노력을 한다는 이야기입니다.

특히, 이 작전은 "나 이거 할 거다"라고 스스로 소문 내고 나면 창피해서라도 실행할 수 밖에 없다는 겁니다.

여기서 실행의 최대의 적으로 등장하는 것이 있으니 바로 "작심삼일"입니다. 그러나 이 큰 적마저도 물리치는 방법이 있군요.

바로, 삼 일마다 한번씩 다시 결심하면 됩니다. 결국은 달성되겠죠.

주변 사람에게 큰 소리로 알리십시오. 자신의 목표를⋯

리더의 덕목은 언행 일치임을⋯

최근 리더급 위치에 있는 분들의 언행 때문에 많은 국민들이 실망하다 못해 대한민국의 미래를 염려한다. 나 아닌 다른 사람의 행동만을 탓하고, 그들을 벌 주라고 하고,

다른 사람을 자신이 마음대로 할 수 있다고 하고, 다른 사람이 자기 뜻에 안 맞으면 무시무시한 폭언으로 협박하고,

또 가장 객관적인 시각으로 시민의 행동을 평가 해야 할 위치에 있는 사람이 먼저 자기 생각을 밝혀 선동하고, 약자를 위한다는 취지를 자기 이념의 홍보, 주장, 분풀이의 장으로 변질시킨다.

작은 조직이지만 우리 주변에서도 공익보다는 자신의 입장을 알게 모르게 먼저 생각하는 리더들은 없는지⋯

다시 한번 리더들의 언행일치가 요구되는 시기이다.

가장 먼저는 내가 앞장서서 반성할 일이다.

설득하고 싶다면 운율을 살리라고 합니다

세상은 매일 바쁘게 돌아갑니다. 짧은 시간에 고객(물론 상사도 고객입니다)을 만나 그 분을 설득하여 고객의 마음을 사는 것이 비지니스의 성공요인이라고 합니다. 엘리베이트 스피치란 용어도 나오고, 운율효과란 원리도 나옵니다. 운율효과에 대한 사례들이 머리에 쏙 들어오길래 기억을 살려 적어봅니다. 참고 바랍니다.

설득하고 싶으면 운율을 살리라고 합니다. 보고, 설득, 업무 처리시에도 활용해 볼만하군요. 역시 창의를 발휘할 때 한 방법도 되겠군요.

Coca Cola

Donald Duck

Back to the Basic

Intel Inside 등이 있고요.

우리 말도 강한 impact를 주는 말이 많습니다.

잠을 자면 꿈을 꾸지만 공부하면 꿈을 이룬다.

보는 것을 믿는가? 믿는 것을 보는가?

아프냐, 나도 아프다.

죽느냐 사느냐 그것이 문제로다 (이글은 햄릿의 원문보다 우리말의 강도가 더 강하다고 함)

다름을 인정할 줄 아는 우리들

고등학교시절 도시락을 싸가지고 다니던 때가 생각납니다.

누군가 삶은 감자를 몇 개 싸가지고 왔습니다. 덥석 집어서 껍질을 벗긴 후 입에 넣던 한 녀석이 말합니다.

"야! 삶은 감자는 설탕에 찍어 먹어야 제 맛인데…"

그러니까 맞은 편에 있던 한 학생은

"무슨 삶은 감자를 설탕에 찍나, 소금에 찍어야지…"

그러다 서로 소금이 맞다, 설탕이 맞다 하면서 실랑이가 벌어집니다. 그러면서 두 학생이 모두 옆에 있는 친구에게 동조를 구하려는 듯 그 학생을 쳐다 봅니다. 마음 속으로 고민을 좀 하던 그 아이가 정말 절묘한 답을 냅니다.

"아니, 우리 집에서는 딸기 잼에 찍어 먹는데"

마치 사람마다 그 정도의 차이는 있을 수 있지, 그걸로 그렇게 친구끼리 싸우냐고 말하는 듯이…

서로 다투던 두 학생은 어안이 벙벙해 집니다. 아마도 세 번째 학생이 우리 포스코그룹에 입사하여 창의력과 소통력으로 각 회사를 이끌어가는 현재의 여러분들이 아닐까 생각해봅니다.

세 번째 학생처럼 서로 다를 수 있음을 인정하는 행복한 회사에 다니는

것이 감사로 다가오는 아침입니다.

그리고 재미있는 이야기로 생각하고 크게 웃고 하루를 시작합시다.

職爲知己者死 [직위지기자사]

직원들은 자신을 인정해 주는 리더나 회사를 위해서라면
개인을 포기할 정도로 일한다.

〈史記의 자객열전〉에 士爲知己者死(사위지기자사) 女爲悅己者容(여위열기자용)라는 말이 나옵니다. 선비는 자신을 알아주는 사람을 위해 목숨을 바치고, 여인은 자신이 좋아하는 사람을 위해 화장을 한다는 뜻입니다. 지금과는 제도와 관습이 다르니 죽는다는 표현과 함께 여성의 화장 등과는 약간 차이가 있습니다.

그래서 "士"자를 "職"로 바꿔 보았습니다.

최근에 [행복한 일터]를 만들기 위한 노력들이 각 부문에서 이뤄집니다. 많은 조직들이 감사와 배려를 행하고 칭찬을 통하여 즐겁고 신나는 직장을 만들어 갑니다. 조직의 성과는 개인들이 신나고 행복한 일터라고 느낄 때 달성됨을 잘 알기 때문입니다.

즉, 구성원 모두가 공감하는 비전과 목표 아래 개인들의 열정이 결집되어야 가능한 것 입니다. 리더십의 유형에 따라 그 차이가 상당하리라 생각합니다. 이를 위해서는 리더들의 역할이 매우 중요합니다. 서두의 "직원에 대한 인정"은 칭찬과 감사라는 tool을 통하여 실현된다고 합니다.

리더들은 자신의 리더십이 직원들에게 어떻게 받아들여지고 있는지, 리더로서 부하 직원을 어느 수준만큼 "인정"의 칭찬과 감사를 해 주었는지 뒤 돌아 볼 필요가 있습니다. 자신은 소속 직원에게 甲은 아닌지 가끔씩은 돌아 봅시다.

감성경영 [스위트 스팟 – sweet spot]

요즈음 스포츠경기를 많이 즐깁니다. 시원한 날씨가 경기하는 선수나 관람하는 관중이나 모두가 감사를 느끼게 합니다. 입장관중이 가장 많다는 야구경기를 보다 보면 왜소한 몸으로 결정적인 홈런을 날려 열광케 하는 선수들을 간혹 봅니다. 해설자는 어김없이 배트의 "스위트 스팟"에 공이 맞았다고 이야기 합니다. 마주치는 순간에 가장 강한 힘을 실어 멀리 날려 보낼 수 있는 지점이 바로 그것입니다. 공과 배트가 아주 절묘하게 만나는 지점이지요.

사회 생활에서도 우리는 이런 "스위트 스팟"을 잘 찾아야 합니다. 비지니스 관련해서든 사랑관련 해서든 친교관련 해서든, 상대방과 내가 공유할 수 있는 달콤한 지점을 알면 그 관계는 성공적으로 발전합니다. 즉, 말하는 이의 마음과 듣는 이의 마음이 만나는 접점, 어찌 보면 서로의 바람과 계산이 맞아 떨어지는 지점을 찾는다면 우리는 언제나 성공적인 인생을 산다고 합니다.

차동엽신부님은 인생의 "스위트 스팟 – sweet spot"을 [서로의 가려운 곳]이라고 말씀하십니다. 우리 사회에는 상대방의 가려운 곳을 먼저 찾는 노력이 필요합니다. 한번 건드리기만 해도 모든 가려움이나 통증이 사라지는 그런 부위, 그런 마음을 찾아 내는 것이 중요합니다.

요청의 힘 - 이방인의 지갑을 열게 한 거리의 악사

많은 사람들이 〈요청의 힘〉〈요청의 중요성〉에 대해서는 잘 압니다. 그런데도 요청을 잘하여 목적을 달성하는 데는 그리 성공률이 높지는 않아 보입니다. 모 대학 교수님의 미국에서의 일화를 소개합니다.

공원에 나가 산책을 하는 중에 거리의 악사 한 사람이 신명 나게 바이올린을 연주하며 다가옵니다. 모금함을 눈으로 가리키며 도와 달라는 표현을 합니다. 평소에 그런 도와달라는 요청들을 그리 좋게 보지 않던 그 교수는, 마음속으로 **"아무리 해봐라 내가 돈을 넣는지"** 하며 그냥 구경만하고 있습니다.

그런데 결국은 돈을 모금함에 넣어주고 말았다고 합니다. 이유는 뭘까요. 그 악사가 교수님을 한국인으로 알아보고 우리의 애국가까지 연주를 하는 상황이 오자 악사의 의도대로 지갑을 열게 된 것입니다. 요청이 중요함을 물론 잘 알지만, **우리는 어떤 방법으로 요청을 해야 할 것인 가를 잘 생각해 봐야겠습니다.**

요청의 힘 - 벤자민 프랭클린 효과

아직도 대화가 잘 안 통하고 어렵게만 느껴지는 사람이 있습니까? 그러면 먼저 손을 내밀어 도움을 요청해 보십시오. 사람과의 사이가 가까워 지는 법, 바로 [요청하기]입니다.

〈원하는 것〉과 〈원하는 것을 얻는 것〉은 다릅니다. 원하는 것을 얻기 위해서는 요청(부탁)할 수 있어야 합니다. 사람들은 흔히 거절에 대한 두려움 때문에 요청(부탁)을 망설입니다. 그렇지만 요청이라는 말 자체는 거절을 전제로 합니다. 두려움 없이 요청할 줄 아는 사람이 현명한 사람입니다. 특히, "거절당한 횟수와 강도는 성공의 크기와 비례한다" 란 말이 있습니다. 어렵고 힘든 사이일수록 요청(부탁)을 하고, 그러면 그것으로 인해 더욱 가까워 질 수가 있다고 합니다.

〈벤자민프랭클린 효과〉를 아십니까? 〈벤자민 프랭크린〉과 아주 사이가 나쁜 의원이 있었는데, 어느 날 〈벤자민〉이 그 의원이 아끼는 책을 좀 빌려달라고 부탁을 했는데, 그 의원이 책을 빌려주고 난 이후부터 둘 사이가 급격히 좋아졌다고 합니다.

벤자민은 "사람들은 자신이 도움을 받은 사람보다, 자신이 도움을 준 사람을 더 돕고 싶어하는 속성이 있음"을 잘 파악했던 것입니다. 우리도 누군가가 어렵게 도움을 청해 오면, 막연하나마 돕고 싶은 생각이 드는 상황에 자주 직면합니다.

그렇지만 요청을 하는 방법도 중요합니다. 1)요청할 만한 사람에게 요청해야 합니다. 2)끈기 있게 요청해야 합니다. 3)기분 좋게 요청합니다. 4)도움을 받고 난 이후가 더욱 중요함은 잘 아실 것입니다. 반드시 감사함을 표현해야 합니다.

위대한 용서 - 인종차별조차 극복한 용서의 힘

〈위대한 용서〉

美 흑인교회 총기난사 재판에서, 유족들의 용서가 증오를 감싸 안
았습니다. 정말 위대한 용서입니다. 눈물로 보낸 가족이지만 범인
을 용서하는 결단… 증오는 결코 사랑을 이길 수 없다고 합니다.
용서한 가족들의 말입니다.

너는 내가 알고 있는

가장 아름다운 사람들을 죽였지

내 살점 하나하나가 다 아프다.

이젠 예전처럼 살아가지 못하겠지.

그러나… 우리는 너를 위해 기도한다.

너를 용서한다.

증오는 결코 사랑을 이길 수 없다.

인정함으로 얻는 것

우리가 여행을 하다 보면 경험치 못한 음식 맛, 익숙지 못한 기후를

접합니다. 그렇지만 우리는 그 음식 맛을 그 지역의 특별한 맛이라고 가치를 인정해 줍니다. 흐리고 구름 낀 날이라고 해도 우리가 바랐던 그 지역의 운치로 기억하려 합니다.

　여러분의 곁에서 만나는 사람들, 관계를 맺고 있는 주변 분들에게서도 자신에게 익숙지 못한 것을 발견할 수 있습니다. 그냥 여행지에서는 쉽게 인정해 주는 그들만의 특색, 새로움이라고 생각하시면 됩니다.
그런다면 주변에서 우리는 많은 친구, 절대적인 동지를 얻게 됩니다.

권력자(상급자)에 간하는 5가지 방법 [간군오의 (諫君五義)]

　우리는 매일 수 많은 결정 속에서 번민하고 있습니다. 그 방향이 분명 아닌 듯 한데 결정권을 쥐신 분(특히, 그분은 인사권까지 같이 휘두름)이 그 방향으로 가려 하면 어떤 설득으로 그 결정을 돌려 놓을 수 있을까 고민합니다. 아니, 아예 설득을 포기하고 오히려 결정에 도움이 되는 자료를 제공해 드리기도 합니다. 이 경우 그 결정이 좋은 결과를 낳거나 나 아닌 다른 많은 사람이 인정할 수 있는 결정이면 문제가 없습니다. 그러나 결과가 안 좋을 경우 또는 누구나 인정할 만한 사유가 없었을 경우에는 그 일을 결정한 사람은 물론 그 결정에 참여한 사람까지도 그 책임에서 자유로울 수는 없습니다.
　그래서 상급자(권력자)의 잘못된 결정을 어떤 방법으로 설득하여 막느냐 하는 것이 동서고금을 막론하고 끊임 없이 고민 되어온 것 같습니다. 상황에 맞는 지혜로운 간언의 방법을 고전에서 찾아봅니다. 여러분이 당한 현실에서 상급자의 逆鱗(역린)을 건드리지 않고 설득할 수 있는 좋은 방법을 활용하시기 바랍니다.

| 간군오의 (諫君五義)를 소개합니다. 출처: 골계열전의 골계가 |

첫째 휼간(譎諫)이 있습니다. 대놓고 말하지 않고 넌지시 돌려서 간하는 것을 말합니다. 말하는 사람이 뒤탈이 없고, 듣는 사람도 기분 좋게 받아들일 수 있습니다. 잘 하면 큰 효과를 거둘 수 있는 방법입니다.

둘째 당간(戇諫)입니다. 당(戇)은 융통성 없이 고지식한 것이니, 꾸밈없이 대놓고 간하는 것이다. 자칫 후환이 있을 수 있습니다. 아마도 돌직구 타입인가 봅니다. 이 방법은 정말 조심해야 합니다.

셋째 강간(降諫)입니다. 자신을 낮춰 납작 엎드려 간하는 것입니다. 상대를 추켜세우며 좋은 낯빛으로 알아듣게 간하는 것입니다. 특히, 우쭐대기 좋아하는 권력자에게 효과가 있습니다.

넷째 직간(直諫)이다. 앞뒤 가리지 않고 곧장 찔러 말하는 것입니다. 우유부단한 권력자에게 효과가 있습니다.

다섯째 풍간(諷諫)입니다. 비꼬아 말하는 것입니다. 딴 일에 견주어 풍자해서 말하는 방식입니다.

휼간과 풍간은 약간 비슷한 느낌이고, 당간과 직간도 유사합니다.

아무튼 상황에 맞게 제대로 된 간언을 하시면 좋은 인상을 유지하면서 상급자에게 건의도 할 수 있습니다.

막연한 불안감 해소하기 (소통전문가)

막연한 불안감을 가지고 사는 것만큼 불행한 삶은 없습니다. 암이
라는 큰 병을 가진 분들이 어느 의사와의 소통으로 걱정이 해소되
는 사례를 올립니다. 세상에 이런 전문가가 많음에 감사하고, 생애
에 닥칠 두려움도 이런 방법으로 극복할 수 있음에 감사하고 싶습니
다. 막연한 두려움으로 불행에 빠지지 마시길 바라면서 다음 사례
를 공유합니다.

어느 암 치료 전문병원에서 있었던 일입니다. 두 세 명의 환자가 연달
아 사망하자 남은 환자들이 두려움에 떨며 가혹한 운명을 원망하기 시작
했습니다. 마치 병원 전체가 우울증에 걸린 것 같았습니다. 그래서 주치
의는 특단의 조치로 정신과 의사에게 도움을 청했습니다. 오랫동안 면담
을 진행한 후 정신과 의사는 환자들을 모아놓고 말했습니다.

"암은 절대 불치병이 아닙니다. 암은 두 가지로 나뉘는데 하나는 조기,
다른 하나는 말기입니다. 조기 암환자는 치료가 가능하니 걱정할 필요가
없죠. 말기 암 환자는 또한 두 가지로 나뉩니다. 치료를 통해 나을 수 있
는 경우와 완벽히 나을 수는 없지만 몇 년을 더 살수 있는 경우입니다. 나
을 수 있는 분은 당연히 걱정할 필요가 없겠죠. 나을 수는 없지만 몇 년
을 더 살 수 있는 분도 두 가지로 나눌 수 있습니다. 의료 기술로 증상을
완화시킬 수 있는 경우와 그렇지 않고 결국 사망하는 경우이지요. 증상을
완화시킬 수 있다면 물론 걱정할 이유가 없습니다. 하지만 만약 그렇지
않은 경우에 속하신다면… 이 역시 걱정할 일은 아닙니다. 왜냐하면 당신
은 이미 사망했으니까요."

여기까지 들은 환자들은 모두 웃음을 터트렸습니다. 그리고 병원 안을 무겁게 짓누르고 있던 그림자 역시 어디론가 사라져버렸습니다.

축구를 통한 소통1
『알제리전에서 얻은 일상의 교훈』

오늘 축구 알제리전의 패배를 통하여 많은 직원들과 아쉬운 마음들을 글을 통하여 같이 공감할 수 있어 감사한 날입니다. 그런 중에도 교훈으로 남는 게 있어 몇 자 올립니다. 저도 축구 동호인이긴 하지만, 아니 미칠 듯이 축구가 좋아, 어린 시절 작은 동네에서 펠레(?)란 소리를 들은 적도 있습니다만, 대표팀을 비난하거나 평가할 실력을 가진 전문가는 아니기에 조심스럽게…

한 마디로 전반과 후반의 플레이 차이에서 느낀 점이 많습니다. 전반전은 우리의 단점을 보완만 하려다가 우리 것을 제대로 드러내지 못하고 허둥지둥 보내지 않았나 생각해봅니다.

수비는 어느 축구팀도 완벽하지는 않습니다. 빗장수비로 유명한 이탈리아도 결국은 코스타리카에 골을 먹고 지고 말았습니다. 우리 팀은 너무 수비를 보완해야 한다는 약점 개선에만 주력하다, 우리의 장점일 수도 있는 스피드와 고공플레이를 놓칠 뻔 했죠. 후반전은 어느 정도 장점을 효과적으로 내세운 경기였다고 봅니다.

인생에서도 업무에서도 단점보완에만 치중하는 것 보다, 개인이나 그 조직의 장점을 더 살리는 전략은 어떠한지 한 번 생각해 볼 입니다.

축구를 통한 소통 2
『ACL 포항스틸러스 VS 산둥러닝 관전기』

– 아시아챔피언스리그 산둥러닝전, 스틸러스 전사들의 투혼을
보고…. 스틸러스 전사들이 주신 가르침에 감사합니다.

– 축구장뉴스 –

어제(3월 18일) 저녁 스틸야드의 용광로는 뜨겁게 불타 올랐습니다. 순수 토종 자재(?)와 우리의 전략으로 아시아인들을 열광시켰습니다. 조업실적은(?) 2대2 무승부 이었지만 죽기 살기로 마지막 한 방울의 땀까지 다 품어내는 우리 스틸러스 전사들의 투혼에 숙연한 느낌마저 들었습니다.

경기 시작과 함께 스틸러스에 좋은 흐름이던 상황이, goal이라는 결정적인 성과를 내지 못하자 오히려 안 좋은 흐름으로 바뀌게 되더군요. 가시적인 성과의 중요성은 비지니스든 스포츠든 같은가 봅니다. 핸들링 파울의 고의성 논란이 두 번이나 이어지며 심판은 1개의 퇴장 카드와 두 번의 페널티킥을 선언하여 전반 초반에 두 골을 헌납 당한 위기 상황이었습니다.

"대부분의 경우, 억울한 퇴장에 골 헌납" 이 정도면, 패하는 것이 정상이고, 패해도 팬들의 동정을 사기에 충분한 상황이었습니다. 그러나 스틸러스 전사들은 적당한 동정에 빠져들고픈 생각이 없어 보였습니다. 이 상황을 불운으로 치부하기에는 프로라는 자존심이 허락되지 않았던 것입니다. 이어지는 "죽기 살기의 투혼!" 추운 날씨에 스틸야드를 찾은 적지만 열렬 팬들을 위한 그들의 충성심이 완벽하게 발휘되었습니다. 기적이 일어났습니다. 아니 쉽게 포기하지 않는 포스코 고유의 정신력이 이끌어낸

성과를 보았습니다. 우리의 열정이 결집된 토종 자재와 새로운 전략의 진가가 발휘되기 시작했습니다. 11명이 뛸 때 보다 10명이 뛰며 더 훌륭한 게임을 연출해 낸 것입니다.

남은 시간 내내 그라운드를 지배하고 억울하게 잃었던 두 골을 도로 찾아 온 것입니다. 팬들은 한마음이 되어 만세 삼창을 했습니다. 포기하지 않은 그들의 프로 정신에, 위기를 극복한 그들의 투혼에, 죽기 살기로 노력한 훌륭한 성과에…. 신임OOO포스코사장님과, OOO 포스코켐텍 사장님, OOO제철소장님과 많은 패밀리사 임직원들께서도 한 마음이 된 시간이었습니다. 포스코패밀리의 승리였습니다. 귀가 하는 차 안에서 오늘의 우리를 생각합니다.

– 스틸야드에서 이종덕기자였습니다.

인원이 모자란다고 불평만 하다가 한 발짝도 전진하지 못한 사례는 없었는지?
스펙이 모자란다고 스스로 용기가 없어 포기한 적은 없었는지?
자신의 노력이 부족함을 적당히 불운을 핑계삼지는 않았는지?
역사상 최고의 경기이자, 제 인생 최고의 배움의 현장 이었습니다.

축구를 통한 소통 3
『스페인 축구의 몰락을 보면서』

당신은 과거 성공을 가져온 프렉티스를 버릴 수 있을 정도로 용감합니까? 위 질문은 포스리경영정보(2014.6.18자)에 나온 "훌륭한 21세기형 리더를 정의하는 3가지 질문"중의 하나입니다.

〈2014브라질월드컵〉에서 스페인이 가장 먼저 16강 탈락이 확정된 팀이 되었다는 뉴스를 접하면서, 어쩌면 위의 질문은 오늘의 스페인 축구에 꼭 필요한 것 이었음을 느꼈습니다.

과거의 성공을 지켜준 프렉티스가 금회에도 영광을 재현해줄 것이라 생각한 그들에게 해주고 싶은 질문입니다. 당신을 리더로 만들어 줄 때까지의 프렉티스를 이제는 버릴 줄 아는 용기가 필요합니다.

스페인은 〈유로2008〉을 시작으로 〈2010남아공월드컵〉〈유로2012〉까지 제패한 축구왕국입니다. 그들이 구사한 패스플레이나 점유율 축구는 세계 축구전술의 트랜드가 되었지요. 하지만 1등을 고수하기가 만만치 않은 것 같습니다. 스페인은 금번 〈2014브라질 월드컵〉에서 가장 먼저 탈락이 확정되어 보따리를 꾸려야 할 팀이 되고 말았습니다. 죽음의 B조에서 희생양으로 전락하고 말았습니다.

다른 팀들이 스페인축구에 대응하여 그 기술축구를 깨기 위한 피나는 준비를 할 동안 스페인은 기술축구의 화려함에서 헤어나지 못한 것 같습니다. 체력을 바탕으로 한 압박축구와 스피드를 이용한 뒷 공간 침투에 나가떨어진 형국입니다.

스페인이 과거에 자랑하며 세계축구를 제패한 [기술축구의 화려함]에서 벗어나 상대팀의 준비된 도전에 조금만 더 잘 대응했다면 이런 결과까지 이르렀을까요?

축구를 통한 소통 4
『여자 축구의 선전이 가을을 앞당긴다 [전가을선수 선전에 감동]』

어제 밤은 전 대한민국이 가을 [전가을] 이었습니다.

감사합니다. 정말 감사합니다. 동아시안컵 축구대회 한국 여자대표팀을 이끌면서 어려운 여건하에 2연승을 달리고 계신 윤덕여 감독님 감사합니다.

중국전에서 무릎 인대 부상으로 귀국한 심서연의 몫까지 죽기살기로 최선을 다하겠다던 조소현선수 드디어 만회 골을 작열시켰습니다. 심서연의 유니폼을 흔들며 동료를 위한 세리머니 참 멋있었습니다.

후반에 교체되어 여자 축구사에 길이 남을 멋진 프리킥 골을 성공시켜 대역전극을 이끈 전가을 선수! 시원했습니다. 한국에 가을이 옴을 알려준 전가을 선수입니다. 감사합니다. 숙적 일본을 통쾌하게 이겨주셔서 감사합니다. 찜통더위를 가을의 시원함으로 바꿔주셔서 감사합니다. 어제 밤은 전 대한민국이 가을이었습니다.

초반의 어려움을 불굴의 투지로 이겨주셔서 감사합니다. 불볕 더위를 시원하게 식혀주셔서 감사합니다

거울은 절대 먼저 웃지 않습니다

〈거울은 절대 먼저 웃지 않습니다〉

혹시 근처에 웃지 않는 사람이 있는지요?

멀게만 느껴지는 사람이 있는지요?

그렇다면 내가 먼저 웃어주고 내가 먼저 손 내밀어 봅시다.

거울은 절대 나보다 먼저 웃지 않습니다.
내가 먼저 웃을 때 거울은 비로서 미소를 보여주며,
내가 먼저 손을 내밀 때 거울 또한 나에게
따뜻한 손을 내밀어 줍니다.

내 주변은 나를 비추는 거울입니다. 내 주변을 웃게 하려면 내가 먼저
웃어야 하고, 내가 먼저 손 내밀어야 합니다.

내가 먼저 웃는 세상 !!!
내가 먼저 손 내미는 세상 !!!
포스코켐텍의 TUL이 꿈꾸는 세상입니다.

修身 〈추상(秋霜)같이 자신 관리하기〉

　오늘 아침도 사무실내 화이트보드에 적혀있는 글을 봅니다. 이 주일 정
도 지났을까… 동기가 방문하여 이 글을 보고 "아직도 저 글이 적혀있네"
라던 말이 생각납니다. 제 사무실에서 2년이 지나고 3년째까지 지워지지
않는 글귀는, 바로 "待人春風 持己秋霜－대인춘풍 지기추상" 입니다. 이 글
을 지킬 수만 있다면 이 세상 모든 어려움이 없어지고 모두가 감사하고 행
복한 시절이 될 것입니다.
　"남의 사정을 두고서는 봄날에 부는 바람처럼 부드럽게, 관대하게 배려

해주고, 자기 자신의 일에 대해서는 (자신의 처신에 있어서는) 가을 날의 서릿발처럼 엄하게 차갑게 기준을 두라." 는 유명한 글입니다.

그렇습니다. 1)내가 부정하게 취득한 단돈 10000원이라도 다른 사람이 얻은 1억원만큼이나 엄격히 생각하고, 2)내게 주어진 큰 기쁨도 남에게 일어난 작은 슬픔에 우선해서는 안될 것 입니다.

이런 생각들이 모아지면 감사하는 사회, 행복한 시간들이 이뤄져 나갈 것 입니다.

정확한 표현은 소통의 무기

차량 부제(車輛部制)가 바른 표현입니다. 리더들이 알려주셔야 합니다.

요즈음 많은 직원들이 감사나눔 앱인 'ETP'에 고마운 사연을 많이 표현합니다. 특히, 자기 차량을 운행하지 못할 때 동료차량에 동승하거나, 회사의 통근버스를 이용하면서 그에 대한 감사함을 자주 표현합니다.

그런데 감사하게 생각한 마음만큼 정확하게 표현하지는 못한 것 같아 바른 표현을 찾아봅니다. 직원들의 많은 감사 내용 중에 "오늘은 부재라 (혹은 차량 부재라), 걱정했는데, OOO님이 차를 태워줘서 너무 감사하다." 라는 표현이 많습니다.

여기서 교통체증을 해결하기 위하여 자동차의 운행을 주기적으로 한번씩 쉬는 제도는 차량부제(車輛部制)가 바른 표현입니다. 쉬는 대상차량은 차량번호의 뒷자리번호로 결정함은 잘 아실 것입니다. 여기서 그 쉬는 주

기가 10일에 한번이면 [차량10부제], 이틀에 한번이면 [차량2부제]라고
합니다.

오늘부터는 차량부제에 대한 바른 표현으로 문화시민의 격을 높이시기
바랍니다.

정확한 표현으로 우리의 격을 높입시다.

대화중에 브레이크를…혜민스님
브레이크를 밟는 리더가 되지 맙시다

누군가 다가와 자신의 힘든 이야기를 한다면
해결책을 찾으려 하기보다는 먼저 진심으로 들어주세요

운전을 잘 못하는 사람은
운전 중에 브레이크 페달을 자주 밟습니다.
대화를 잘못하는 사람은
대화 중에 상대방의 이야기를 끝까지 듣지 않고
자신의 이야기로 브레이크를 자주 겁니다.
우리는 친구가 내 힘든 이야기를 들어준다고 해서
그 친구가 내 고민의 근본적인 해결책을 찾아 줄거라
생각하지는 않습니다.

그냥 들어준다는 것 자체가 고맙고 그것이 위로가 되는 것입니다.

누군가 다가와 자신의 힘든 이야기를 한다면

해결책을 찾으려 하기보다는 먼저 진심으로 들어주세요

인간관계에서 생긴 문제 해결하기

벌써 3월 이군요. 좋은 달입니다. 그래서인지 이 달에도 이○○군 본인 결혼, 민○○씨의 장남 결혼, 그리고 박○○군의 첫아이 돌잔치 등 축하할 일이 많이 생겼습니다. 다시 한번 지면으로 축하를 드립니다. 3월 첫 주엔 저도 개인적인 중요한 가정사가 있었기에 축하행사장에 참석하지 못하여 매우 아쉽습니다. 세분께는 다시 한번 죄송함을 말씀 드립니다. 그리고 언제든지 여러분의 축하할 일은 같이 축하하고, 슬픈 일은 같이 나누도록 노력하겠습니다.

이제 곧 만물이 소생하는 봄입니다. 혹시 지난 겨울의 추운 날씨 땜에 가까운 사람끼리 해결치 못한 그 무언가가 남았다면 곧 이어지는 봄바람에 깨끗이 날려버리시고, 서로 배려하고 감사하는 마음을 전함으로써 더욱 행복한 삶으로 전환하시기를 소망하면서 책에서 본 몇 마디 올립니다.

인간관계에서 생긴 문제를 풀 때,

"왜 상대가 내 마음을 알아주지 못할까?

왜 내가 원하는 대로 해주지 않을까? "

이런 마음에서 출발하면 문제는 절대 풀리지 않는 다고 합니다.

왜냐하면 상대에 대한 이해가 아닌, 나의 요구로부터 시작되었기 때문입니다.

"문제를 해결 하려면 반드시 상대방에 대한 이해에서 출발하라"는 좋은
말씀을 알았습니다. 현명한 OOO人은 잘 아시리라 믿습니다.

그 중에도 꼭 어느 분과 해결하고픈 의지만 있다면, 그 분에 대한 100감사
한번 도전해 보심이

리더의
· 특별한 감성메시지 ·

긴급한 이슈가 발생하거나, 직원들의 공감을 얻고자 할 때 특별히
감성적인 글을 리더가 직접 작성하여 소통한 사례입니다

· [재해자의 고통] 마지막 아픔이기를

· 비전1320달성을 위한 리더의 격려메시지

　- 하지 않으려고 하면 변명만 보입니다.

· 계사년 CEO메세지 1호

· CEO 메시지 42호

　- 어려워진 경영환경에서 더 친해져야 할 것들

· 임진년 CEO 메시지 - 동심동덕(同心同德)

· 신 윤리경영 - 록펠러와 듀폰사

· 〈울회사〉 사장 퇴임사 입니다 - 2013. 3. 20

· 포스코켐텍을 떠나며 - 상임감사의 퇴임사

재해자의 고통
마지막 아픔이기를 여러분과 같이 다짐합니다

지난 주는 재해로 입원중인 OOO님을 찾아갔습니다. 직원의 안전
을 지켜주지 못한 사장으로서 너무도 가슴 아픈 자리였습니다. 엊
그제 첫 아이의 백일 떡을 돌리며 행복해 하던 그가 고통에 일그러

진 얼굴로 누워 있었습니다. 다시 한번 이런 엄청난 일이 발생한다면 이번에는 이 글을 보는 분의 누군가가 그 고통의 주인공이 될것입니다. 스스로 지키려는 노력이 가장 중요합니다.

제가 처음 병실을 방문한 날 고통스런 기억을 적어봤습니다.

병실을 들어서자 핏기 없는 젊은 부인의 모습이 먼저 눈에 들어왔습니다. 웃음기 없는 얼굴에, 잠든 듯 보이는 어린 아기가 가슴에 안겨 있었습니다. 순간에 그의 부인임을 알 수 있었습니다. 엊그제 100일을 맞아 떡을 돌린 바로 그 아기임을 느끼는 순간 안도의 한숨이 나왔습니다. 만약 더 심각한 상황이었다면 저 부인과 세상 모르고 잠 든 저 아이의 앞날에 대한 상상을 해본 때문이었죠.

그리고 병실 가운데 눈을 감은 듯 말없이 누워있는 그의 모습이 이제야 보입니다. " 많이 아팠지" 라는 어리석은 나의 질문에 힘들어 보이는 엷은 미소가 잠깐 보이다가 그의 고개는 옆으로 돌아갑니다. 괜히 고통의 순간을 다시 일깨웠구나 후회를 하며 오른 손을 살짝 잡았습니다. 그리고,
"오! 하나님… 감사합니다. 저들의 가정을 지켜주셔서… 그리고 이왕이면 상처가 빨리 그리고 완벽하게 치유되게 하여 주세요. 저 사람을 괴롭히는 악몽 같은 어제 일을 잊게 해주시고, 고통으로 일그러진 얼굴을, 가족을 다시 본 안도감으로, 편안하게 해주소서!" 저도 모르게 중얼거렸습니다. 꿈인지 현실인지 구분조차 잘 안 되는 지금의 상황이 나의 마지막 경험이기를! 빌고 또 빌어 봅니다.

사랑하는 직원 여러분!

여러분도 아시다시피 안타깝게도 우리의 동료가 재해를 당하여 치료 중에 있습니다. 사장으로서 직원의 안전을 지키지 못한 자책으로 괴로운 시간이 이어지고 있습니다. 물론, 같이 일하던 동료를 비롯 2백여 임직원 모두가 아파하고 있겠지요.

여러분과 제가 오늘은 동료의 일로 아파하지만, 우리의 안전의식이 개선되지 않는다면 그 때는 여러분 중 누군가가 바로 고통의 주인공이 될 수도 있음을 말씀 드립니다. 그것은 여러분에게도 끔찍한 상상이 되겠죠. 오늘 이 아픔이 여러분과 제가 동시에 겪는 마지막 경험이기를 바라면서 향후 무재해를 위한 우리의 각오를 다지고자 합니다.

사랑하는 OOO직원 여러분!

그 동안 우리는 〈영구무재해〉를 외치며, 재해 없는 일터를 만들고자 안전슬로건제창, 잠재위험 발굴과 Near Miss 개선활동, 위험성평가와 ILS 시스템 개선, 10대 안전철칙 준수와 SAO 활동 등 많은 노력을 기울여 왔습니다.

그러나 안전에 대한 우리의 의식과 수준은 영구 무재해라는 목표에 턱없이 부족하였습니다. 회사 설립 이후 벌써 네 번의 재해기록이 이를 말해주고 있습니다.

우리 모두 안전에 대한 우리의 참모습을 다시 한번 냉철히 되돌아봐야 하겠습니다. 구호에만 그친 안전은 아니었는지, 설마 하는 안일한 마음은 없었는지, 일의 편리함을 우선하지는 않았는지, 위험한 설비를 개선 없이

그대로 방치해 오지는 않았는지 반성하고 또 반성해야 할 것입니다

특히 우리 회사는 신규 입사직원이 30%를 넘어섰습니다. 이 비율은 갈수록 더 높아질 것입니다. 네 번의 재해 중 최근 두 번의 재해가 이들 계층에서 발생했습니다. 신규직원들이 재해에 노출되지 않도록 직책 보임자는 물론 선배 동료들의 각별한 교육과 지도가 요구됩니다. 후배는 선배를 보고 배우며, 부하는 상사를 보고 배운다고 합니다. 부하의 안전을 지키지 못하는 사람은 직책보임자의 첫 번째 자격을 상실한 것임을 다시 한번 강조합니다.

또 지금까지 해오던 작업에 대해 안전 위험요인이 없는지 다시 한번 면밀히 살펴보고 대책을 세워주시기 바랍니다. 안전작업을 위한 도구나 설비도 신속히 보완해 나가야 하겠습니다. 안전 위험요인을 철저히 발굴 개선하고, 안전의식도 재무장하여 오늘의 어려움을 딛고 영구 무재해 작업장으로 거듭나도록 노력합시다.

진심으로 재해를 당해 아파하는 동료의 조속한 쾌유를 바라며, 다시는 이런 아픔이 없는 회사가 되도록 다 함께 노력해 나갑시다. 그리고 올해 초 우리가 꿈꾼 일들을 하나씩 실현해 나갑시다. 새로운 마음으로 다시 시작합시다. 감사합니다.

또 지금까지 해오던 작업에 대해 안전 위험요인이 없는지 다시 한번 면밀히 살펴보고 대책을 세워주시기 바랍니다. 안전작업을 위한 도구나 설비도 신속히 보완해 나가야 하겠습니다. 안전 위험요인을 철저히 발굴 개선하고, 안전의식도 재무장하여 오늘의 어려움을 딛고 영구 무재해 작업장으로 거듭나도록 노력합시다.

2012년 6월 12일, 우리는 이 날의 아픔을 가슴 깊이 새기고, 영원히 기

억합시다. 이 날을 우리 회사의 〈영구 무재해〉의 출발점으로 삼읍시다. 재해 없는 안전한 일터! 꿈이 아닌 현실로 반드시 이루어냅시다.

울면서 호소합니다.

2012년 6월 14일 사장

비전1320달성을 위한 리더의 격려메시지
하지 않으려고 하면 변명만 보입니다

1210경영실적 설명과 "Vision1320" 달성을 위해서, 경영설명회를 마친 후 별도의 확인 메시지를 발송합니다. 성과금은 통상적으로 지급하는 취지와 산정기준 그리고 향후 예측 가능성을 반드시 고려 합니다. 다음 분기에도 경영환경이 풀려 큰 성과가 발생하면 성과금 규모는 늘겠지만, 반대로 경영이 어려워지면 성과금은 축소되거나 생략될 수도 있음을 다시 한 번 강조 드립니다. 현행 수준 이상의 성과금 규모를 유지하기 위해서 지속적인 노력을 당부드립니다.

지난해는 굳이 "1210"이란 비전을 설정하지 않고서도 열심히 달려 왔습니다. 오늘 경영설명회는, 전년도의 경영현황을 직원 여러분과 같이 되돌아보고, 올해의 달성목표인 "1320"계획 달성과 중점과제 실행을 위한 동참을 다짐하는 뜻 깊은 시간이 되었다고 생각합니다.

지난해 외주작업 및 B/S과제 수행과 원가절감 등의 추가 가치 창출에 노력한 여러분의 노고를 치하하고, 2013년도 "1320"계획을 성공적으로 달성하자는 취지를 살려서, 전 직원에게 1320천원을 성과장려금으로 지급하기로 결정하였습니다. (1.31부) (물론 전년도 성과창출 기여기간이 현저히 짧거나 수습교육중인 직원들은 근무기간에 따라 실무적으로 조정될 수도 있습니다.)

지급규모인 1320천원[132만원]은 전년도(2012년) 최종 성과금(60만원)과 2013년도 설날격려금(72만원)을 합한 의미 있는 숫자입니다.

사랑하는 직원 여러분!

오랜 고심 끝에 "10억이다, 20억이다" 라고 목표를 설정해 놓으면 당연히 달성되는 것으로 오해 하시는 사람도 있습니다만, 추가 매출을 올려나가는 것이 결코 쉬운 일은 아닙니다. 특히, 지금처럼 세계적인 경기불황의 시기에는 말입니다. 아니, 어쩌면 목표 달성 보다는 목표미달의 가능성이 더 클지도 모릅니다.

그렇다고 너무 수치에 얽매여 겁을 먹어서도 안되고, 또 올 연말에 가서 달성 못했다고 서로간에 불신의 모습을 보여서도 안됩니다. 모두가 목표달성을 위해 계층별로, 개인간 역할을 성실히 수행해야 합니다. 그 역할들을 나열한 것이 바로 4대 혁신과제입니다. 同心同德의 자세로 올 한해 최선을 다해주시기 바랍니다.

이제 우리가 나아갈 방향과 도달해야 할 목표는 정해졌습니다. 우리가 얻을 과실은 결국 우리 손으로 얼마나 가꿀 수 있느냐에 달렸습니다. **하려고 하면 방법이 보이고, 하지 않으려고 하면 변명이 보인다고 합니다.**

새해(2013년)에는 우리의 공동목표인 "비전 1320"을 달성키 위해 전 임직원이 한 마음으로 같이 노력해야 합니다. [동심동덕 同心同德]

"동덕"은 같은 목표 의미, "동심"은 같은 마음, 한 마음의 뜻

** 한 조직의 공동 목표(비전)을 달성 키 위하여, 구성원 모두가 한

마음으로 노력한다는 뜻 입니다. **

계사년 CEO메세지 1호

계사년 새해가 밝았습니다. 희망과 행복이 넘치는 여러분의 가정이 되시기를 소망합니다. 지난 임진년 한해는 사상 초유의 경제위기 등 대외 여건은 많은 어려움이 있었지만 여러분의 노력 덕분에 우리 회사는 오히려 위기를 기회로 만들지 않았나 생각합니다. 1210의 목표달성을 위해 지난 한해 헌신해 주신 여러분의 노고를 다시 한번 치하합니다.

하지만 돌이켜 보면 지난 한해 우리가 이룰 수 있었던 많은 일들 중 아쉽게도 완전히 우리 것이 되지 못한 일들이 없지는 않습니다. 아직도 현장에 복귀하지 못한 동료가 있듯이 우리의 안전작업은 완전히 정착되지 못해 재해발생이라는 결과를 낳았습니다. 3년 전에는 우수하다고 평가 받았던 혁신부문은 작년도에는 하위그룹에 속하는 등 철학이 바탕이 된 튼튼한 기초를 가진 의식의 혁신이 없었으며, 꽤나 많은 품질불량들이 우리 고객들의 가치를 떨어뜨리기도 하였습니다. 그리고 처음으로 진출한 외주 新 롤의 가공작업에서 경제적 피해까지 감수해야 하는 기술 열위가 드러나 기도 했습니다.

한편으로는, 몇몇 직원들은 아직도 회사가 소통이 안 된다거나 믿을 수 없다는 말을 너무도 쉽게 합니다. 한 번 정도는 회사를 믿으려는 마음, 소

통하고자 하는 마음으로 쌍방이 같이 노력해 본 후에 해도 늦지 않을 말들이었습니다.

이제 2013년 癸巳年은 'VISION 1320'으로 시작하고자 합니다.
새로운 부가가치를 20억으로 늘려보자는 의미인 줄은 이제 잘 아실 것입니다. 또 하나 4선재 공장이 가동되어 우리의 매출이 증대될 것입니다. 그 만큼 새로운 식구도 늘어납니다. 4선재의 완벽한 가동지원도 우리의 큰 역할입니다. 전년도에 아쉬웠던 부분이 올 2013년에도 계속된다면 올해 1320은 실현이 불가능하다고 생각합니다. 전년대비 올해 개선해야 할 과제로 다음 4가지 혁신을 말씀 드립니다.

첫째, 意識의 **혁신입니다**. 우리가 주인이라는 주인의식 갖기입니다. 그래서 1320달성에관리자는 솔선 수범하고, 전직원이 참여하는 주인의식입니다.

둘째, 技術의 **혁신입니다**. 새로운 제어모델, 새로운 수치로 가공하는 능력 등을 보유해야 하며, 또 포스코 시절부터 쌓아온 노하우를 후배들에게 잘 전수하는 기술보존 및 적용능력 이 필요로 합니다.

셋째, 安全의 **혁신입니다**. 형식적이고, 평가를 잘 받기 위한 안전이 아니 라, 정말 다치지 않고 쉽게 작업할 수 있는 안전한 기술, 방법의 혁신입니다.

넷째, 管理의 **혁신입니다**. 과정(PROCESS)를 중시해야 합니다. 계획 수립 후 일정 기간 방치하다가, 나중에 결과만 좋기를 바라는 관리가 아니라, 좋은 결과를 얻기 위한 실행의 중간 과정들을 관리해야 합니다. 그래서 중간에 점검을 해보고 진도가 늦거나 실행력이 떨어지면 즉시 실행자에게 피드백을 해주어 그 일을 목표 기한 내에 완수케 해야 합니다. 또 하나는 detail한 관리입니다. 자신의 위치에서 해야 할 일들을 철저히 수행하는 일입니다.

속된 말로, 마치 사장이 직원처럼 쫀쫀하게 행동하고, 직원이 사장처럼 통 크게 대충 한다면 그 회사의 운명은 어떻게 될지 자명한 일입니다.

자! 그럼 올 한해 우리는 어떤 자세로 일을 해야 할까요?
저는 동심동덕(同心同德)이란 사자성어를 다시 한번 외칩니다.
구성원 모두가 4선재의 완벽한 가동지원 부가가치 추가액 20억 달성이라는 공동의 목표를 위해 전 임직원이 한마음으로 뜻을 모으고 같이 노력하자는 의미입니다. 하늘은 스스로 돕는 자를 돕는다고 했습니다.
석양에 부지런한 농부가 되지 않기 위해 과정과정에 충실 하시기를 다시 한 번 당부 드립니다.

다시 한번 여러분과 여러분의 가정에 행복과 건강이 넘치는 한 해가 이어지시길 기원합니다.

2013. 1.2 사장

CEO 메시지 42호 - 어려워진 경영환경에서 더 친해져야 할 것들

경영환경이 매우 어렵다고 합니다.

얼마 전 신문에서 RRSS 영업사원의 이야기를 본 적이 있었습니다. 차량판매에 따른 인센티브가 주 수입원인 영업사원들의 애환이 많이 보도되었습니다.

실화 한 토막 [**아빠도 딸도 울어버린 영업사원 이야기 : 아빠가 딸에게 용돈을 주자, 딸이 아빠의 자동차 판매부진에 따른 급여 감축을 알기에 받을 수 없다고 하자, 부녀간에 부둥켜 안고 운 사연**]이 보도 된지 얼마 지나지 않는 지금, RRSS사의 희망퇴직 실시상황이 신문에 또 보도되었습니다. 얼마 전까지만 해도 단순한 급여감소의 의미였는데, 이제는 실직, 해고가 불가피한 급박한 상황입니다.

그리고 경영사정이 좋지 않아 폐쇄되는 설비가 늘어 나기에, 임직원 공히 6개월간 급여 30% 반납결의를 한 OO제철의 소식도 들립니다. 잘 나가는 OO도, ㅌㅌㅌ 사업부외에는 경쟁력이 없음을 인식하고 새로운 경쟁력을 찾아 아침 6시반에 출근을 합니다. 임원. 부장 들은 주말도 반납하고 먹고 살 거리를 찾는다고 합니다. 그리고 특별히 생산적 음주문화를 강조하여 어려움을 공감하고 위기극복에 힘써는 시간으로 만든 것 같습니다.

최근 신문에는 OOO 1조클럽 탈락이라는 기사도 실렸습니다.

영업이익의 감소폭이 얼마나 심한지…그리고 우리가 지원하는 OO,XX, YY중에서 그래도 OO부문만이 영업이익에 기여를 한다고 합니다. 가히 우리 주변의 어려운 환경을 실감할 수 있습니다. 최근 우리 회사 내 OO쪽 근무자들의 업무강도가 올라가는 불가피한 현상이 일정기간 지속되는 이유가 여기에도 관련이 있습니다. 소량의 주문이라도 있으면 생산을 해야 하니까요. 그래서인지 OOO에서도 일 더하기 운동, 일당오 전략 등 수익성 올리기 위한 각종 대책들이 나오고 있습니다. 우리보다 엄청난 어려움 속에 일하고 있음을 느낄 수 있습니다.

최근에 우리회사를 퇴직하고 타사에 좋은 조건으로 스카우트 개념으로 가신 분이 있었는데, 그 회사의 경영사정 악화로 근무를 못하게 되는 사연도 접했습니다. 이런 외부상황이지만 우리는 어려운 현실에 대한 공감보다는 아직도 보다 향상된 수준을 희망하고 또 노력하고 있으니 우리는 행복한 편입니다.

지난 달부터 "비전1650" 개념을 창안하여, 새로운 가치를 더 창출하기 위해 부단히 노력하는 중입니다. 최근 이런 노력들은 헌신적이고 열정적인 직원 분들에 의해 어느 정도 성과가 발휘되기도 합니다. 외부 환경이 이 정도로 어려운 시기에 추가적인 부가가치를 창출 하려면, 지금까지 익숙해 왔던 몇 가지 사항들하고는 결별이 필요할 것 같습니다.

그냥 하던 일만 대충해도 된다는 〈대충주의〉, 우리가 할 수 있을까 고민만 하는 우유부단, 우리는 부정하려 하지만 모사인 〈OOO 의존주의〉 등과 헤어져야 합니다. 그리고 새롭게 "125운동"의 주인의식, 도전정신, 긍정 메시지 운동 등과 더욱 친해집시다. 억지로 끌려서 따라가는 피곤함을 탈피하고, 적극적이고 도전적인 자세로 "비전1650"을 달성하는데 앞장서 주시기를 간곡히 당부합니다. 승리는 도전하는 자의 것입니다.

임진년 CEO 메시지- 동심동덕(同心同德)과 주인의식

　연말이면 다음해의 화두가 될 4자 성어를 선정하여 많은 분들이 공감할 수 있도록 합니다. 오늘 우연히 우리 회사가 2013년에 가장 필요한 화두는 무엇일까 생각했는데, 어느 대기업에서 제시한 4자성어가 너무 가슴에 와 닿아 옮겨봅니다.

　동심동덕(同心同德)이라는 말인데, "같은 목표를 위해 다같이 힘쓰고 노력하자"라는 뜻입니다. 내년에 창립60주년을 맞는 SK에서 새해 경영화두로 제시한 말로, "구성원 모두가 일치단결하여 기업가치300조원 도약을 이뤄내겠다는 의미"라고 합니다.

　우리 OOO도 2013년도에 추구하는 기업가치증대의 목표[同德]가 있습니다. 이는 직원 모두의 동참노력[同心]으로 이뤄질 수 있다고 생각 합니다. 같은 목표(同德) 같은 노력(同心) 이면 "모두가 주인"이라는 의식과 다를 것이 없습니다.

　주인과 나그네의 차이를 언급한 좋은 글이 있어 같이 소개합니다.
　혹시, 회사일이 귀찮다는 시간이 오거나, 탈출하고 싶으실 땐 한번 음미해 보시지요.
　1. 나그네는 문제만 내는 사람이고, 주인은 답을 낸다.
　2. 나그네는 불만만 하는 사람이고, 주인은 해결책을 제안한다.
　3. 나그네는 변명만 하는 사람이고, 주인은 방법을 제시한다.
　4. 나그네는 비판만 하는 사람이고, 주인은 책임을 진다.
　5. 나그네는 불평만 하는 사람이고, 주인은 감사를 한다.

모두가 주인이면 2013년 같은 목표를 위해 다 같이 노력하면서도 즐거움을 느끼는 회사가 될 것입니다.　----- 同心同德 ------

행복경영 이야기 〈만원의 행복-매니큐어 효과〉

최근에 끝이 안 보이는 불황의 지속에 많은 분들이 요즘 세상은 행복하기가 어렵다고 생각하는 것 같습니다. 근데 행복은 풍부한 경제력과 엄청난 호황 속에서만 오는 걸까요? 역설적으로 많은 분들이 어려운 때 일수록 다른 방법을 통해서 행복을 경험한 사례가 있습니다.

1930년대 미국 대공황기에 "립스틱효과(Lipstick effect)"라는 경제용어가 생겨났습니다. 즉, 불황기일수록 립스틱이 잘 팔린다는 이야기죠. 가지고 싶고, 써 보고 싶은 고가품에 대한 욕구를 다른 방법으로 대체한 것입니다. 상대적으로 저가인 립스틱을 취향대로 발라 마음껏 변신도 해보면서 침울한 기분을 전환시키는 효과가 있었던 것 입니다.

그런데 최근 매니큐어의 매출이 2배 이상으로 뛰어오르는 현상이 생겼습니다. 립스틱보다 더 싼값의 매니큐어가 "적은 돈으로 만족 얻기에 제격"이라는 것입니다. 수백 만원대의 샤넬 가방 대신 1~2만원대의 샤넬 매니큐어가 소비자의 만족감을 충분히 채워준다는 것입니다. 너무 비약했다 라고 생각하실지 모르겠습니다.

결국, 립스틱효과나 매니큐어효과를 통해서 보면 우리들이 찾을 수 있는 행복은 자신이 가진 풍부한 물질, 자신이 누리는 시간적인 여유에서만 오는 것이 아니라, 무엇인가를 통한 만족에서도 올 수도 있음을 대변하는 것이라고 생각합니다.

저는 최근 회사 내에서 정말 행복한 일들이 많음을 보고 저의 행복도 커져가는 선 순환의 효과를 느꼈습니다. 물론 T.U.L활동에서 감사나눔을 통하여 행복하고, 사외 봉사활동을 통해 만족감을 높여 가고, 독서활동을 통하여 자기의 역량을 높여가는 가운데 행복지수가 많이 올랐지만, 이 지수를 극대화하는 일련의 큰 사건(?) 들이 우리의 주변이 자주발생하기에 그렇습니다.

바로 임직원 전원이 동참하신 1% 기부 운동과, 건강상 직무수행이 어려워 아쉽게 회사를 떠난 옛 동료를 위한 모금과 투병중인 동료 모친의 조기 쾌유를 기원하는 모금에 동참하는 우리들의 모습입니다. 이런 우리의 움직임을 이끌어낸 직원대표들의 사랑 넘치는 노력과 또한 도움을 받은 분의 가족들이 그 고마움과 감동을 전해온 내용들이 삼복더위를 식혀주는 청량제의 역할을 해 주는 군요.

이 마음속엔 작열하는 태양도 녹일 만큼 뜨거운 우리의 동료사랑이 있고 가족애가 살아 있으며, 나눔을 통하여 우리 스스로가 행복해 지고픈 욕구도 있기에 가능했습니다. 이런 것을 보면 우리 포스코켐텍人은 이미 신 윤리경영의 가장 열렬한 선도자며 훌륭한 신봉자라고 생각합니다.

다음 주엔 "행복경영"으로 명명되어 대내외에 선포된 新 윤리경영에 대하여 간단히 설명코자 합니다. 물론, 여러분이 이미 팝업창을 통하여 서명하신 내용이지만 알기 쉽고 실천하기 쉬운 형태로 간단한 소개를 올리고자 합니다.

이 장은 상임감사가 직접 작성하고 진행하는 장입니다. 단순히 저의 생각을 게시하는 형태가 아니고, 쌍방향 소통이 되는 형태의 대화형식으로 진행하고 싶습니다. 많은 참여와 관심 쏟아 주십시오.

신 윤리경영 - 록펠러와 듀폰사

안녕하세요! 열대야로 힘든 밤 이었습니다.

미국의 석유재벌이던 록펠러는 50대에 접어들며 세계 최고의 갑부가 되었지만 그의 인생에는 그 때까지 幸福이란 없었습니다. 그가 55세에 이르러 의사로부터 1년 이상 살지 못한다는 사형선고를 받았죠. 하루는 검진차 병원에 갔는데, 병원의 벽에 걸린 "주는 것이 받는 것보다 복이 있다"라는 문구가 그날 따라 유난히 가슴에 와 닿았습니다. 그러던 중 입원비가 없어 눈물 흘리는 어느 부인의 모습을 보고, 비서를 시켜 대신 입원비를 지불케 됩니다.

그날 이후 건강하게 98세까지 살았던 그는 자서전을 통하여 "저는 인생의 전반기 55년은 쫓기며 살았습니다. 그렇지만 후반기43년은 幸福한 가운데 살았습니다." 라고 회고했죠. 잘 아시죠. 여러분! 뉴욕시 주민의 수도요금은 무료라는 것. 록펠러가 사회에 환원한 자산 덕분으로… 무더위 좀 날리세요.

그리고 이백 년을 넘게 이어져 오는 기업의 이야기도 있습니다. "듀폰" 바로 미국의 화학회사입니다. 1802년 du Pont이 설립 하였습니다. 기업의 수명이30년을 넘기기 어렵다는 현실론적으로 보면 불가사의한 일입니다. 다른 회사가 생산, 품질, 판매, 재정 분야의 경쟁력만 외칠 때 듀폰은 세상을 위한 인간존중에 기초한 그들 특유의 경영을 펼친 것입니다. 바로 환경보호, 윤리준수, 안전 · 보건 경영 이라고 그들은 말합니다. "세상을 위한 경영" 이것이 211년을 지켜온 그들만의 힘입니다.

   기쁜 소식이 있습니다. 우리 회사의 주가가 연일 치솟고 있습니다. 세상 모두가 어렵다는 현 시점에 우리의 경쟁력은 어느 정도는 인정받고 있다는 뜻입니다. 하지만 향후 200년을 지켜줄 것은 기존의 경쟁력 외에 "다 함께 행복한 더 나은 세상을" 위한 별도의 노력이 필요합니다.
   이에 따라 지난 6월 새롭게 新 윤리경영이 선포 되었습니다. 신윤리경영은 "다 함께 행복한 더 나은 세상을!" 비전으로 삼아, "未來, 公益, 相生" 이라는 3대 가치를 실현하는 것입니다. 그러나 이런 비전과, 핵심가치도 우리의 일터가 "행복한 일터" 임을 전제로 실현 가능합니다.

OOO 사장 퇴임사 입니다 - 2013. 3. 20

   사랑하는 〈울회사〉 임직원 여러분!

   이별의 순간이 너무도 빨리 온 것 같습니다. 2년이라는 짧은 시간임에도 벌써 떠나야 한다는 인사를 드림을 매우 송구하게 생각합니다. 큰 아쉬움이 남지만 "떠날 때는 말없이"란 말의 의미를 새기면서 이별의 감정 표현은 간단히 하려 합니다.
   많은 사람들이 이 순간에는 "이렇게 빨리 떠날 줄 알았다면 좀더…" 라고 생각들을 한다지요. 저도 꽤나 오랜 시간이 있을 줄 알았습니다만, 세상 일은 자기 마음대로만 되지는 않지요.

그렇지만 〈울회사〉에서의 인연, 제 인생의 페이지에서 가장 강력하게 남아 있을 것입니다. 좋은 페이지를 구성해주신 사랑과 믿음의 〈울회사〉맨들 너무나 감사합니다.

돌이켜 보면, 현장에서 여러분의 눈을 마주보고 손을 잡아보고자 꽤나 발품을 팔기도 했지만, 여러분의 마음을 다 얻지는 못했지요. 저의 능력과 노력 부족임을 잘 압니다. 다만, 최근 들어 비전1530과 同心同德이라는 슬로건을 공감하시고서 열정을 발휘하시는 분들이 늘어나고 있다는 것은 조금이나마 제게 위안이 되었습니다. "목표 수립, 비전설정, 실행력제고, 감사나눔 등" 저의 외침들을 허무맹랑한 소리로만 생각지 않고 열정으로 움직여 주신 점 너무 감사합니다. 그렇다면 이왕 시작한 열정의 몸부림, 지금 그치면 안 된다는 것을 꼬옥 말씀 드리고 싶습니다.

이제 정말 헤어지는 시간이 왔습니다.

2주전인가 주간메시지를 통하여 "원수는 물에 새기고 은혜는 바위 위에 새기라"는 말씀을 드린 적이 있습니다. 혹시 저로 인하여 받으신 고통이나 거북함은 물로 씻어내시기 바라며, 좋았던 일들만 기억하시면 좋겠습니다.

마지막으로 당부라고나 할까요, 아님 떠나는 자의 마음 다 비운 하소연이랄까요, 주제넘은 이야기지만 〈울회사〉가 더욱 발전하기 위해 변화해야 할 모습이 있다면… 한마디만 드립니다.

하늘은 스스로 돕는 자를 돕는다고 했지요. 스스로 돕기 위한 아래의

질문들과 함께 사시는 〈울회사맨〉이 되시기 바랍니다.

一. 항상 좀더 즐겁게 생활할 수는 없을까?

一. 매일 〈울회사〉의 진정한 주인으로 생활할 수는 없을까?

一. 서로를 좀더 크게 믿고 한 방향의 꿈을 만들어 갈수는 없을까?

一. 그리고 이왕이면 다른 회사보다 좀 더 잘해 볼 수는 없을까?

이런 질문에 답을 줄 사람은 바로 여러분 자신입니다

영원히 사랑합니다. 여러분! 안녕히 계십시오.

2013. 3. 20 이종덕.

포스코켐텍을 떠나며 - 상임감사의 퇴임 인사

상임감사 이종덕입니다. 이제 3.14일이면 3년의 임기를 마치고 퇴임하게 됩니다. 일일이 찾아 뵙지 못하지만 아쉬운 마음을 담아 이 글로 여러분께 올립니다.

저는 참 행복한 사람입니다. 그리고 많은 혜택을 받은 사람입니다. 포스코그룹에 입사하여 32년의 세월을 회사의 보호를 받으며 살아 왔습니다. 결혼하고, 아이 둘 낳고, 대학까지 보내고, 그리고 한 아이는 결혼까지 하여 외손자까지 얻었습니다. 그러니 32년동안 어느 한 순간도 회사의 배려에 대한 감사를 잊은 적이 없습니다. 지금 이순간도 감사하는 마음으로 이 글을 적습니다. 특히, 마지막의 근무지가 여러분과 제가 근무하는 포스코켐텍 이라는 사실이 더욱 감사하며, 또한 회사를 떠나기 전에 여유롭게 퇴임소감을 적어 볼 수 있다는 것이 무슨 특혜처럼 느껴집니다. (저

는 공식퇴임일인 주총일 까지 꽤나 시간적 여유가 있기 때문입니다)

한가지 아쉬운 점은 32년의 포스코 생활 중 포스코켐텍에서의 기간이 3년 밖에 안 된다는 점입니다. 3년의 시간은 매우 짧았습니다. 물론 저라는 존재로 인해 어려움과 부담을 가졌던 분들께는 매우 긴 시간이었을 수도 있습니다만… 아쉬운 3년동안 저는 "정말 좋은 회사, 언제나 좋은 직원"을 느끼며 살았습니다. 그래서 그 시간이 더 행복한 것인지도 모릅니다.

저는 어느 분의 퇴임사를 자주 언급해 왔습니다. 물론 제가 이분의 발뒤꿈치도 제가 따라갈 수는 없지만 그저 그 말씀이 너무 감동적이어서 입니다. "취임사는 꿈으로 쓰지만, 퇴임사는 발자취로 말한다"고 하더군요. 제가 많은 직원들 앞에서 취임, 퇴임을 논할 위치는 아닙니다. 그렇지만 포스코켐텍의 상임감사라는 임무를 부여 받았을 때, 저는 현업부서의 문제점을 개선하는 감사, 공동으로 회사를 고민하는 감사, 직원들의 마음을 훈훈하게 해주는 감사가 되기를 자임했습니다.

아마 지금의 공식화된 용어가 된 〈솔루션 감사〉, 〈따뜻한 감사〉를 생각했었나 봅니다. 그래서 정도경영의 진단을 받으면 실무자가 일하기 더욱 쉬워지고, 찜찜한 일들이 속 시원히 정리되는 느낌을 여러분께 드리고 싶었습니다. 그래서 監査(audit)보다는 感謝(thank)를 외치며 3년을 지냈는지 모릅니다.

그러나 막상 퇴임시기에 즈음하여 보니 부끄러움으로 낯을 들 수가 없습니다. 그래서 지나 온 발자취를 여러분들이 지우기 전에 제가 먼저 지우고 싶은 것도 있습니다. 특히, 제가 남기고 싶은 발자취가 어떤 분께는 상처로 남고, 뼈아픈 기억으로 남았을 수도 있습니다. 이 자리를 빌어 정중히 사죄 드립니다. 여러분이 지우고 싶은 자취는 말끔히 지우시기를 부탁 드립니다.

그리고 떠나면서 저에게 또 하나의 바램이 더 있습니다. 어느 날 길에서, 영화관에서, 식당에서 얼굴이 기억날 듯 말 듯한 어느 분이라도, 제

어깨를 툭 치시며 악수를 청해 주시는 것 입니다. 또 제가 기억을 살려 어느 분의 이름을 부를 때 반가운 얼굴로 저를 껴안아 주시는 장면도 그리며 살겠습니다. 참 제가 욕심이 많죠.

지금도 좋은 회사지만 더 좋은 회사, 정말로 좋은 회사로 만들어 주실 여러분!

끝으로 꼭 드리고 싶은 이야기를 첨언합니다. 글로벌 악재로 인한 세계적인 경기불황 속에서 우리 회사를 받쳐주는 근간은 원칙과 기본이라 생각합니다. 이전에 중국 노나라 시대의 〈복자천〉이라는 현령 이야기를 드린 적이 있습니다. 다시 한번 언급하고 저의 말씀을 맺으려 합니다.

〈복자천〉이 노나라 변방의 현령으로 재직시에 이웃나라가 쳐들어 왔습니다. 마침 그때가 보리 수확 철이었지만 많은 백성들이 두려워하거나 허둥된 탓에 보리는 수확이 되지 않은 채로 들판에 남아 있었습니다. 그래서 고을의 원로들이 현령에게 건의 합니다. "보리를 그냥 두면 적군의 손에 빼앗길 수 있으니, 보리 주인이 아니라도 아무나 수확하게 하자"고. 그러나 〈복자천〉은 철저히 원칙을 지켜 보리밭 주인이 아닌 사람이 수확하는 것을 금했습니다.

결국 보리는 다 수확하지 못하고 일부가 적군에게 빼앗겼습니다. 전쟁이 끝나고 노나라 중앙정부에서 복자천을 벌 주려 합니다. 이때 복자천이 당당히 말합니다. "물론, 적군의 수중에 보리 일부가 들어간 것은 사실이다. 그러나 그것은 정말 미미한 것이다. 나는 그 작은 것을 주고 보다 큰 것을 지켰다. 만약, 그 때 전쟁 중이고 혼란스럽다고 해서, 또 위기상황이라고 해서 주인 아닌 아무나 보리를 수확하게 했다면, 그 보리를 횡재한 사람들은 은연중에 이런 혼란스런 사태가 또 오기를 바랄 것이다.

전쟁이 발발해도, 나라나 보리 밭 주인이 피해를 입을 뿐, 자신은 오히려 횡재를 하게 된다면, 꽤나 많은 사람들은 적군이 자주 쳐들어 오기를 바랄 것이다. 이렇게 되면 어찌 나라가 지켜질 수 있겠는가? 내가 우려했던 것은 바로 이것이다. 그리고 이것이야 말로 내가 목숨을 걸고 지키고자 한 원칙이고 조직의 기본이다."

더 좋은 회사가 되기 위해서 지켜나가야 할 원칙이라 생각되기에 다시 한번 말씀 드렸습니다.

여러분 우리는 이제 2016년을 두 번이나 새롭게 맞았습니다. 하시는 일 바라는 일 모두 축복 속에서 이루시고 언제나 감사가 넘치는 가정과 회사 되십시오. 웃으면서 떠나갑니다. 감사하는 마음으로 물러갑니다.

2016. 2. 15 상임감사 이종덕 올림.

고슴도치 가족의
행복이야기

-제3부-

· 리더의 가족감사 메시지 ·

감사의 시작은 가정과 가족에서부터…

어제 오후에 아름다운 부부용 찻잔을 상품으로 받았습니다. 감사의 효과네요. 매일 아침 저녁으로 많은 분들과의 대화 거리를 찾으려고 ETP를 방문하다 보니, 어느새 숲 하나가 생기고 또 새로 35그루의 나무도 자라고 있습니다.

자주 못 보는 직원들과 처음부터 업무적인 걸로는 이야기하면 부담을 많이 가집니다. 그래서 스치는 직원들의 얼굴과 이름을 주의 깊게 봐 두었다가 그 분이 올린 ETP상의 감사내용으로 이야기하니 쉽게 친해지는 계기가 됩니다.

때로는 푼수처럼 제 일상을 공개하기도 하고, 다 똑같은 팔불출이 되어 자식자랑 마누라 자랑도 해보고요. 그러다 보니 말문이 좀 쉽게 열리는 듯합니다. 그러다 느낌 가는 직원을 보면 조용히 감사편지를 한편 작성해 보내면 다시 감사로 되돌아옵니다. 그것이 교감되는 감사의 효력을 느껴왔습니다.

감사를 할 때는 나부터(직위가 높은 사람부터), 작은 것부터, 지금부터 란 원칙 있습니다. 감사는 가정에서 시작되어 동료까지 전파되는 것이라 생각합니다. 많은 가정사를 흥미 있게 사랑스럽게 올려주셔서 가족감사를 실천하시는 분들께 감사 드립니다

이것이다. 어머니 사랑

지난 주말 딸아이와 200일 조금 더 된 외손자가 와 있습니다. 피서
랍시고 찾아 왔는데, 사실 피서보단 딸아이 입장에선 엄마, 아빠가
보고 싶고 의지하고 싶어서 온 것임을 잘 압니다. 딸아이의 무조건
적인 자식사랑을 보면서 새롭게 가족사랑을 배웁니다.

36~7도를 기록하는 뜨거운 날임에도, 아이가 울면 어김없이 끌어안고
울음 그칠 때까지 달래는 딸아이를 보면서 이미 익숙해져 간 어머니의 역
할을 본다. 외손자 놈 역시 제 할미가 아무리 사랑으로 보듬으려 해도 제
엄마만 찾는다. 딸아이는 손목이 부어서, 허리가 아파서 병원에 다닐 정
도인데도 제 아이 울음 하나에 촉각을 곤두세우며 이 세상 무엇보다 소중
한 자식을 감싸 안는다. 하필이면 제일 더운 포항의 이 날씨에 온 몸이 땀
으로 범벅이 되지만 그래도 둘은 붙어 있어야 안심이 된다.

이것이다!
딸아이가. 아들을 낳고서도 제 엄마를 찾아 왔듯이,
손자 놈도 제 엄마 품에서 평안을 느낀다.
이 나이에 이른 나 역시도 매일 어머니가 그립듯이…

가족사진 콘테스트 - 부모님보다 더 중요한 회사 일은 없습니다

안녕하세요, 설명절 행복하게 보내셨는지요!

남들 쉬는 명절에 근무하신 분도 있지만, 그래도 본인이 근무함으로 다른 동료를 쉴 수 있게 했다는 점에서 본인이 행복을 느꼈으면 합니다. 설 전에 부친을 여읜 친구가 보내온 말씀 가슴에 크게 남아 올립니다.

그래서 "부모님과 함께한 사진" 콘테스트를 실시합니다. 제출하신 그 사진을 액자로 만들어 드리겠습니다. 아래 사진처럼 말입니다. 어머님과 저의 사진입니다.

부모님께서 거동하실 수 있다면 함께 좋은 추억을 많이 만드세요.

병석에 계시지만 대화가 가능하시다면 많은 대화를 하세요.

대화는 못하시지만 사람을 알아 보신다면 얼굴을 자주 보여 주세요.

부모님께서 듣지도 보지도 못하시지만, 그래도 아직 살아 계신다면 자주 자주 찾아 뵙도록 하십시오.

우리에게 부모님보다 더 중요한 회사 일은 없습니다

어른 공경과 헤아림

어머님! 이젠 속마음 털어내고 하고 싶은 말, 하고 싶은 것 다 하세요. 우리가 같이 할 명절 영원하지 않습니다. 여러분! 자식 사랑도 중요하지만, 어른 공경과 헤아림이 더욱 필요한 명절입니다

어제는 모처럼 아들을 혼낸 날입니다. 사연은 이렇습니다.

그믐날에는 진주에 홀로 계시는 어머님께(제 아들에게는 할머니겠지요) 가서 하룻밤을 같이 자기로 하였습니다. 제 아들이 포항 도착하는 시간을 확인하다 그만 나도 몰래 화를 좀…

아들은 그믐날 기차가 저녁 7시가 넘어서야 신경주에 도착한다고 합니다. 아들을 데리고 갈려면, 밤 11시가 지나야 우리 식구가 진주에 도착하게 되고, 어머니가 손수 준비하신 찰밥에 청국장 메뉴의 저녁밥을 같이 먹을 수가 없게 됩니다. 무슨 스케줄을 그렇게 잡았냐며 제가 아들을 혼냅니다. 옆에서 아내는 '명절에 차표 구하기가 얼마나 어려운데' 라며 아들 역성을 듭니다. 그렇지만 아들에게, '할머니를 1년에 한두 번 정도 뵈면서 그것도 미리 고려하지 않았냐'고 제가 다시 나무랍니다.

저의 이상기류를 느꼈는지 아들이 다시 알아본다며 급히 전화를 끊습니다. 그리고 아침 9시 출발하는 고속버스표를 구했다며 연락이 옵니다. 그러면 아무리 늦어도 어머님, 저, 아내, 제 아들이 진주에서 저녁식사를 할 시간은 맞추겠네요. 겨우 모자간의 그믐날 상봉을 위한 나의 작업은 끝났습니다. 나의 말을 알아듣고 제대로 따라준 아들녀석 고맙습니다. 물론 아들은 차 타느라 엄청 피곤할겁니다.

그리고 사실 저도 엄청 반성이 됩니다. 아들에게 큰 소린 쳤지만, 나 자

신의 잘못도 많군요. 항상 자녀만 귀엽고 사랑스럽게만 생각했지, 제대로 자식 노릇 하라고 미리미리 가르치지 못한 잘못을 하고 있음을 느낍니다. 우리가 자주 못 가고 또 늦게 가도 부모님은 속마음 다 숨기고 괜찮다고 하시지요. 설사 지금이라도 사정이 생겨 못 간다고 해도, 어머님은 "바빠서 그렇지 회사 일 잘하거라" 하실 것 입니다.

여러분! 자식 사랑도 중요하지만, 어른 공경과 헤아림이 더욱 필요한 명절입니다

출 · 퇴근 시에 눈 딱 감고 "쪼오~~~~옥"!

저는 20년 전부터 출퇴근 시에 아내와의 포옹을 지켜왔습니다. 물론 아이들이 있을 때는 아이들 하고도 포옹을 합니다. 아이들은 엄마 아빠가 포옹을 하지 않으면 오히려 이상해 합니다. 포옹의 일상화는 "세상 일은 가정으로부터"라는 제 신념 때문입니다. 매일 포옹을 하는 루틴을 가지면 보너스 장점이 또 있습니다.

포옹하다 보면 소지품을 제대로 챙겼는지 확인이 됩니다. 지갑, 차량 키나, 신분증이 없으면 아내가 꼭 챙겨줍니다. 출근시 건망증 심한 분들은 반드시 실천하시면 직장생활에도 큰 도움이 됩니다.

"1인 1감사인증샷올리기"란을 신설하여 못난 저의 일상(출퇴근시 아내와 포옹하는 사진)을 인증샷으로 올렸습니다. 아내에게 잘 다녀오겠다는 표현, 집에 들어갈 때는 잘 다녀왔다는 표현입니다. 물론 오래 전부터 저희 부부의 닭살 행각을 매우 못마땅해 한 동료 후배들이 많았지만, 저

는 꿋꿋이 이 모습을 일상화 하여 지금까지 20여년을 지속합니다

간혹, 정말 간혹 서로에게 많이 속상한 일이 있을 땐 간혹 생략하기도 합니다만, 결국은 다시 이런 모습으로 돌아옵니다.

내 맘 몰라줄 땐 때론 야속하기도 하지만, 평생을 함께할 동반자로 좋을 때나, 안 좋을 때나, 기쁠 때나, 슬플 때나 옆을 지켜주는 사람입니다. 언제나 저와 저희 집안을 위해 함께하고 노력해 준 점을 감사하면서 살아갑니다. 처음에는 어색 했지만 지금은 세상이 매우 편합니다.

"지는 것이 이기는 것"이 아니라, "사랑하는 것, 감사하는 것이 이기는 것"입니다. 4월말까지 가장 훌륭한 인증 샷을 올리는 직원께는 상응하는 "1감사상"으로 보답하겠습니다.

엄마 마음

"앤 왜 맨날 보내는 대로 다 잘 먹으면서도, 조금만 보내라 하지!"

아내가 중얼거리며 제 아침상을 챙겨주네요. 오늘 아침 상에는 특별히 육개장과 김장김치가 나옵니다.

아마도 오늘 또 아들녀석에게 반찬을 택배로 보내려고 준비중인 것 같습니다. 오랜만에 아내가 챙겨주는 밥을 먹고 오느라 출근이 평소보다 좀 늦었습니다.

출근 길 차를 운전하면서 이런 저런 생각을 합니다. 어쩌면 아내에게서 내가 2번으로 밀린 것 같은 데 (아닌가 딸에게도 밀리니 나는 3번인가?)…

1, 2번 덕분에 맛있는 육개장을 먹은 기분이 묘하기도 합니다.

그래도 비염이다, 근육통이다 해서 몸이 약한 편인 그녀가 엄마가 될

때엔 언제나 씩씩합니다. 딸, 아들에게 반찬 택배를 보내는 걸 보면서도 감사한 마음입니다.

엄마니까 저걸 다 챙기는 구나.

대한민국의 엄마들 사랑합니다. 감사합니다.

해결책지향적 남성과 관계지향적 여성
부부평화를 위해서는 여성을 이해하고 공감하는 절차

> 남성의 언어는 실용적이고 여성의 언어는 친교적이다. 남성은 해결
> 책지향적이고 여성은 관계지향적이다. 그래서 어떤 문제가 생기면
> 남성은 혼자 컴컴한 동굴에 들어가 해결책을 모색하려 든다. 그리
> 고 자신이 택한 솔루션이 타당하다고 굳게 믿는다.
> 반면에 여성은 친구나 지인에게 그 문제를 솔직히 털어놓아야 마음
> 이 편해진다. 그것도 이야기를 듣는 상대방이 자신의 문제점에 완
> 전히 공감해줄 것을 바라면서 털어놓는다.
> [적도 내편으로 만드는 대화법 - 이기주]

제가 이 말씀에 너무도 공감하여 평소에 생각한 바를 공유합니다.

자녀가 학교에서 친구와의 사소한 다툼 끝에 얼굴에 상처를 입고 집에 오면 가끔 부부간의 전쟁으로 비화됩니다. 아내는 무슨 큰일이 난 것처럼, 근무중인 남편에게 전화를 걸어 학교에서 아들에게 일어난 상황을 자신의 상상까지 더해가며 미주알 고주알 이야기합니다.

여기서, 여성의 관계지향성을 잘 이해하는 현명한 남편들은 아내의 긴 말을 꾹 참고 들어줍니다. "아, 그 친구 녀석 참 나쁘네" 라고 적당히 맞장구도 쳐 가면서….

그러면 아내의 흥분이 가라앉습니다. 이때쯤 남편이 "애 얼굴 소독 잘 하고, 친구랑 친하게 지내라고 하세요" 라고 한다면 상당히 소통을 잘하는 사람입니다.

그런데 꽤나 많은 남편들이, 아내가 말을 시작하자 마자 "많이 안 다쳤지? 친구간에 서로 조금씩 양보하고 지내면 되지 뭐" "회사 일도 머리 아픈데 그만 끊지…" 라며 이어지려는 아내의 말문을 막으려고 합니다. 이러면 아내는 엄청 섭섭하고 소통이 잘 안 된다는 생각을 하게 됩니다.

즉, 소통을 통한 공감 후에 이뤄지는 문제의 해결과 공감 절차를 생략한 채 나온 해결책은 수용도면에서 큰 차이가 있습니다. 쉽게 해결책이 나올 것 같더라도 상대를 이해하고 소통하는 절차가 필요할 것 같습니다.

· 고슴도치 가족의 감사 스토리 ·

아내의 독후감

"100감사로 행복해진 지미 이야기"를 읽은 아내가 남편인 저에게 독후감을 제출했습니다. 그리고 100감사도 쓰겠답니다. 매우 유치한 내용입니다. 아내는 공개하지 말라고 난리입니다.

그러나 저는 여러분께 유치한 독후감과100감사를 공개합니다. 리더가 왜 이렇게 유치한 일을 하는지 여러분은 잘 알 것입니다. 가족 사랑은 상호 감사를 통하여 더 확실히 피어납니다. 저와 같이 가족에게 100감사 도전해 보시지 않을래요.

아내의 독후감 입니다. 독후감은 짧지만 감동은 컸나 봅니다. 이어서 바로 100감사를 작성했습니다

너무나 감동적인 책이었습니다. 어떤 책보다 읽기가 쉬웠지만, 오히려 가슴과 머리에 오히려 남는 것은 너무도 많은 그런 책입니다. 우리 딸 지영이와 아들 현욱이도 꼭 읽혀야겠네요.

감사보다는 불평이 더 많았던 지난 세월을 생각해보면 너무나 힘든 삶을 살아온 것 같아요. 당신이 선물로 준 이 책 너무나 큰 선물이었어요. 내 인생이 바뀔 수도 있는 ….

"늘 범사에 감사하라"는 성경구절을 읽으면서도 실천하지 못했던 어제까지를 반성하며, 새로운 감사의 길로 들어섭니다. 이 책을 통하여 감사의 힘을 가르쳐 준 당신 사랑해요.

우리 OOO도 125운동을 통하여 감사 나눔 운동을 전개함을 잘 압니다. 회사를 위한 운동이 아니고 바로 자기 자신을 위한 운동임을 이 책을 통하여 느낍니다. 이 운동은 오늘 이 시간 우리 세대를 지나, 대대손손 이어져야 할 운동입니다.

아내의 100감사

책을 다 읽은 김에 가장 사랑하면서도 때론 갈등의 대상이었던 당신에게 100감사 편지를 적어봅니다. 하루 만에 성공할지 자신은 못하지만 조금씩 채워 볼게요.

| 남편을 향한 아내의 100감사 |

1. 먼저, 모든 것이 부족한 나와 결혼해줘서 감사합니다.

2. 근 30년을 변함없이 사랑해줘서 감사합니다.

3. 출근할 때 빠지지 않고 뽀뽀해줘서 감사합니다.

4. 공주와 왕자 순서대로 낳게 서로 마음이 잘 맞아서 감사합니다.

5. 지금까지 돈을 벌어와서 집안 이끌어줘서 감사합니다.

6. 언제 어디서나 항상 옆자리에서 손을 꼭 잡아 주셔서 감사합니다.

7. 웬만하면 화내지 않아서 감사합니다.

8. 솜씨 없는 음식 잘 먹어 주어서 감사합니다.

9. 지금까지 크게 아프지 않아, 마누라 걱정 하지 않게 해주셔서 감사합니다.

10. 같이 신앙생활 지켜주셔서 감사합니다.

11. 때론 같이 영화관람도 해주셔서 감사합니다.

12. 당신이 쓰던 차를 쉽게 넘겨주셔서 감사합니다. 덕분에 활기찬 생활을 합니다.

13. 멀리 갈 때, 힘들텐데도 나에게는 운전을 시키지 않고 당신이 다 책임지셔서 감사합니다.

14. 내가 끓인 커피 무엇보다 맛있다고 칭찬해주셔서 감사합니다.

15. 어딜 가든 나를 위해 사진 잘 찍어줘서 감사합니다.

16. 아이들에게 든든한 버팀목역할을 해주셔서 감사합니다.

17. 회사를 책임지는 리더로서의 역할을 잘 수행해 주셔서 감사합니다. 나도 더욱 겸손하며 회사와 직원 분들을 위해 기도할게요.

18. 항상 나를 제일 예쁜 사람이라며 사랑해 주셔서 감사합니다.

19. 자주 이름을 불러주어 나의 인생을 느낄 수 있게 해주셔서 감사합니다.

20. 아이들에게 용돈을 내가 줄 수 있도록 배려해주셔서 감사합니다.

21. 늘 부모님 사랑하는 모습을 보여줘서 내가 본받게 해줘서 감사합니다.

22. 형제들에게 아낌없는 사랑과 배려를 보내줘서 감사합니다.

23. 처갓집 부모님께도 자주 전화를 해주셔서 감사합니다.

24. 아이들이 올바르게 성장하도록 솔선하는 모습 보여줘서 감사합니다.

25. 아이들에게 엄하지만은 않고 자상한 모습까지 보여줘서 감사합니다. 애들이 아빠에게 많은 것을 배운답니다.

26. 서울에서 어려운 공연 티켓을 아이들을 위해 구해줘서 감사합니다.

27. 주일을 잘 지켜 같이 교회에 잘 나가줘서 감사합니다.

28. 늘 교만하지 않고 겸손하여 남에게 당신이 존경 받는 것 같아 감사합니다.

29. 선글라스와 가방을 같이 사줘서 너무 감사합니다. 덕분에 나도 기분 좀 냅니다.

30. 재미있는 얘기를 자주 해줘서, 웃겨줘서 감사합니다.

31. 잔소리를 하지 않아서 감사합니다.

32. 술, 담배를 하지 않아서 감사합니다. 옛날에 담배 많이 필 때는 정말 힘들었어요.

33. 때로는 늦을 때도 있지만, 꼭 집에는 들어와 줘서 감사합니다.

34. 최근에 목 부분이 많이 아픈데, 매일 상태를 물어봐 주고 안마해줘서 감사합니다.

35. 잠자리에서 일어나면 항상 잘 잤느냐고 물어봐 줘서 너무 감사합니다.

36. 언제나 칭찬을 먼저 해줘서 감사합니다.

37. 내가 이야기할 때는 잘 들어줘서 감사합니다.

38. 〈100감사로 행복해진 지미이야기〉를 읽게 해줘서 감사합니다.

39. 100감사가 뭔지, 왜 중요한 지를 알게 해줘서 감사합니다.

40. 회사와 직원들을 위해 항상 기도할 수 있게 해줘서 감사합니다.

41. 직원중 개인적인 고충을 알면 꼭 그 직원을 위해 기도해 달라고 합니다. 남을 위해 기도할 기회를 줘서 감사합니다.

42. 기도 후에 그 직원의 건강이 많이 좋아지셨다고 알려주셔서 감사합니다. 나도 내 일처럼 기쁩니다.

43. 포스코에 입사한 후 지금까지 평생 파트너로 영위하신 당신이기에 감사합니다.

44. 친구들이 좋은 사람으로 인식하는 노력을 해주셔서 감사합니다.

45. 내가 쓰는 돈에 대해 믿고 따지지 않아서 감사합니다.

46. 주말에는 "콧구멍에 바람 쏘여 준다"고 하며 드라이브 시켜줘서 감사합니다.

47. 옷 욕심 없고 자신을 위한 돈 투자 많이 하지 않아서 감사합니다.

48. 늘 자신을 낮춰서 하는 행동, 말에 감사합니다.

49. 자주 전화로 기분 물어줘서 감사합니다.

50. 반찬 투정 없이 항상 맛있다고 잘 먹어줘서 감사합니다.

51. 1주일에 한 두 번은 밥 안 해도 되게 해줘서 감사합니다.

52. 라면 끓여 먹은 후 설거지 해줘서 감사합니다.

53. 아침식사 간단히 해줘도 불평 없어서 감사합니다.

54. 운동을 잘하여 우리 편이 이기도록 해줘서 감사합니다.

55. 아들이 아빠를 닮아 운동신경이 뛰어난 것에 감사합니다.

56. 아들, 딸의 심성이 아빠를 닮아 착한 것 같습니다, 감사합니다.

57. 남들처럼 술 취한 모습 보여주지 않아서 감사합니다.

58. 항상 독서하는 모습 애들에게 보여줘서 감사합니다.

59. 때론 유창한 글로 감동을 줘서 감사합니다

60. 같이 웃어 주고, 같이 슬퍼해 줘서 감사합니다.

61. 얼굴이 어렵지 않고 편안함을 느낄 수 있으며, 그래도 위엄은 위엄대로 갖춘 모습, 감사합니다.

62. 워낙 치아가 튼튼해서 비싼 치과진료비 안 들어 감사합니다.

63. 회사 일도 집안 일도 항상 적극적으로 해줘서 감사합니다.

64. 지금까지 쉬지 않고 일해주셔서 감사합니다.

65. 나 외에 다른 여자는 쳐다보지도 않는 당신 감사합니다. 믿습니다.

66. 자주 싸우지 않아서 감사합니다. 적당한 싸움은 양념으로 칩니다.

67. 싸운 후에도 빨리 화해분위기 만들어줘서 감사합니다.

68. 결혼 때나 지금이나 변하지 않는 한결 같은 마음에 감사합니다.

69. 같은 취미로 같이 있는 시간을 많이 가져줘서 감사합니다.

70. 스포츠 용어, 규칙 몰라서 물어보면 잘 가르쳐 줘서 감사합니다.

71. 회사 125운동을 잘 창안하고 실천해서 감사합니다.

72. 돈을 헛되이 쓰지 않아서 감사합니다.

73. 십일조는 아직 미흡하지만 감사헌금은 할 수 있게 해줘서 감사합니다.

74. 부모님 공경하는 법을 실천으로 깨우쳐줘서 감사합니다

75. 아들이 매일 전화하여 안부 묻는 생활하도록 만드신 것 감사합니다.

76. 시어머님이 1인자고 내가 2인자지만 당신의 모습에서 감사함을 느낍니다.

77. 허영심이 없고 검소한 생활에 감사합니다.

78. 무슨 일이든 최선을 다하는 모습으로 보여주셔서 감사합니다.

79. 지영, 현욱이를 믿음으로 지켜봐 줘서 감사합니다.

80. 우리 아이들을 다른 아이들과 비교하지 않고 인격체로 인정하고 키워줘서 감사합니다.

81. 회사에서 힘든 일 있어도 집에 와서 표 내지 않아서 감사합니다.

82. 남의 애. 경사 철저히 챙겨 인간다운 도리 잘해주셔서 감사합니다.

83. 지나칠 정도로 사랑한다는 말 자주 해 줘서 감사합니다. 믿을까말까

84. 속옷 등 항상 직접 챙겨 입어서, 나를 귀찮게 하지 않아서 감사합니다.

85. 후배들 집에 데려다 식사 챙겨 주는 등 존경 받는 선배로 남아서 감사합니다.

86. 광양에서 친구들과 놀러 가는데 용돈 챙겨 줘서 정말 감사했습니다.

87. 친정 어머님 놀러가실 때 음료수 사 드시라고 봉투에 용돈 넣어 드리는 센스 감사합니다.

88. 돌아가신 친정 어머님 산소에 나보다 먼저 가자고 손 잡아 끄는 당신 감사합니다.

89. 부모 형제들 오셨을 때 회비 있는데도 흔쾌히 개인 비용으로 대접하시는 마음, 지나고 보니 감사하고 존경합니다.

90. 친정 언니들에게도 항상 정겹고 다정다감하게 대해 주어 감사합니다.

91. 늘 다른 사람을 배려해주는 마음 감사합니다.

92. 시간약속을 잘 지켜줘서 감사합니다.

93. 집안일을 전적으로 도와주지는 않지만 가끔 노력해주는 그 마음 감사해요.

94. 저녁시간에 가끔 주변 산책을 같이 해줘서 감사합니다.

95. 어깨, 목 근육이 많이 아픈데 핸드백을 잘 들어줘서 감사해요. 쑥스러울텐데…

96. 지영이의 남자친구를 애정 갖고 잘 봐줘서 감사해요.

97. 사회의 선배답게 종필이 얘기 잘 들어주고 적절히 응대해줘서 감사해요.

98. 멋 부리지 않고 소탈해서 감사해요.

99. 다림질 잘 못해 두 줄이 생겨도 새로운 패션이라고 잘 입어주는 당신 감사합니다.

100. 지금까지 늘 변하지 않는 두 사람의 사랑으로 감싸주며 이해해주는 당신 너무나 감사합니다. 때로는 연인으로 때로는 선생님처럼 이끌어주신 당신 감사합니다.

고슴도치 아빠의 100감사

아내는 저에게 100감사를 작성했고, 저는 어머님과 제 딸아이에게 각각 100감사를 작성했습니다. 이 번에는 제 딸아이에 대한 고슴도치 아빠의 100감사를 공개합니다. 유치한 이야기 읽어보시고 집에서 한번 도전해보세요.

* 참고로, 2013년 딸아이의 〈작은 결혼식〉을 진행할 때, 예식장인 포스코센터에 이 〈아빠의 100감사〉를 진열했었습니다. 하객들도 환한 미소와 함께 차근차근 읽어보시더군요.
그리고 〈꽃 장식〉과 〈웨딩포토〉를 생략하여 절약한 비용은 약소하지만 불우이웃에게 전달하는 보람도 있었습니다.

* 딸과 사위는 이 고슴도치 아빠의 100감사 액자를 부모님이 주신 가장 귀한 선물로 여기며 집에 잘 보존하고 있습니다.

〈부록〉

| 사랑하는 나의 딸 에게 - 고슴도치 아빠의100감사 |

1. 사랑하는 지영아! 너는 엄마와 아빠에게 하나님이 처음으로 주신 가장 보배로운 선물이었다.

2. 우선, 대견스럽고 자랑스럽다. 잘 성장하여 사회의 일원으로 역할을 성실히 수행하고 있음에 감사한단다.

3. 그리고 귀엽기는 어찌 그리 귀여웠던지 (고슴도치 아빠?) 예쁜 공주로 우리 집에 와줘서 고맙다.

4. 동생 현욱이를 엄마이상으로 사랑하고 보살펴 주는 네 마음이 고맙기 그지없단다.

5. 어린 시절, 갓 태어난 동생 때문에 너무 어린 나이에 선교원에 다니던 이야기를 담담히 해주는 네 모습을 보면서 (한마디로 동생에게 일찍 엄마사랑을 넘겨준 것), 그런 현실을 다 이해하는 듯한 너의 어른스러움이 너무도 고맙구나.

6. 그 나이에 얼마나 엄마와 떨어지기 싫었을까? 울기는 얼마나 울었을까? 그 당시 사려 깊지 못했던 나와 엄마가 반성할 기회를 지금이라도 가져보게 해준 것도 고맙구나.

7. 얼굴을 보지 않고도 하루도 빠짐없이 이어지는 네 엄마와의 수다에도 고마움을 느낀다. 하루 종일 집을 지키는 엄마의 고충을 미리 다 아는듯한 어른스러움에…

8. 간혹 집에 오면 그간 떨어져 있던 정을 다 찾으려는 듯, 내 등을 두드려 주고, 어깨를 안마하며, 귀 청소를 해주는 가족간의 사랑노력을 해주는 그 마음에 나는 마냥 고맙더구나.

9. 이제 곧 시집 가겠다고 스스로 남자를 찾아서 부모의 큰 고생을 덜어 주어 고맙다.

10. 그리고 그 남자가 또한 부유하고 인물 잘난 남자가 아니고, 인간적인 성실함과 근면성을 갖춘 사람이기에 너의 그 안목에도 고맙게 생각한다.

11. 혹시 그런 남자를 선택함으로 부모가 부담할 경제적 지원부분을 미리 줄이려는 노력에도 감사하단다,

12. 살아오는 28년동안 너는 지독히도 아끼고 또 아끼는 생활이었다. 때론 아빠를 믿고 조금은 소비성향을 보일 수도 있는 상황이었지만 스스로 절감하는 네 모습이 감사하구나.

13. 엊그제 설 명절 때의 일이구나. 가정예배를 보자는 엄마의 제안을 흔쾌히 수용하고 우리 네 가족 무릎 맞대는 뜻 깊은 시간을 만들게 해주어 고맙구나. 이제 좀 더 신앙의 속으로 들어가겠구나 생각했단다.

14. 때론 네가 나와 네 엄마를 가르칠 정도로 성장했음을 느꼈다. 어른들의 용돈을 준비해 와 준 것 감동이란다.

15. 할머니의 칭찬 대신 전하마, … 너무 어른스럽다고 꼭 아이 같지 않다고… (벌써 어른 됐나)

16. 외가댁 할머니께도 그렇게 살갑게 대해서 칭찬이 대단하더구나, 네 엄마 이모들 보다 더 낫 다고…

17. 외할머니, 외할아빠 각각 봉투에 용돈을 드리는 센스는 우리 딸이지만 너무나 대견스러워…

18. 그리고 외할머니의 가족들도 만날 시간을 언제 가지냐면서 위로

의 말을 해준 너의 마음에 그 할머니가 감탄 또 감탄. 네가 더 어른 이란다

19. 현욱이 샤워하다가 샤워부쓰 부숴진 날, 너의 침착한 행동은 아빠를 감탄하게 만들었네… 고맙구나…

20. 그리고 다친 동생 보살펴 주는 네 모습에 감탄을 하지 않을 수가 없었다.

21. 생각해 보면 아빠가 미안한 일 참 많구나. 서울지역 대학이라고 찾아서 갈 때 곰팡이 핀 방 하나 잡아주고 엄마랑 같이 돌아오며 둘이서 참 많이 울었다. 혼자서 잘 적응 할까? 근데 오히려 더 성숙해져 있었다.

22. 너는 오히려 다른 집안 아이들과 너를 비교해가면서 엄마, 아빠를 자랑스럽고 존경해 주었거든, 너무 고맙지 뭐!

23. 장학금 받은 돈 다 돌려주며 가정경제 걱정을 해주는 너의 대학시절을 생각하면 참, 하나님께 다시 감사.

24. 덕분에 그 즈음 친구들에게 자랑하며 한 턱 쏘기도 했는데, 고맙더구나.
이제 좀더 세밀히 너에 대한 고마움을 하나씩 찾아 볼게.

25. 어릴 적엔 꽤나 고집이 센 것 같고 남과 쉽사리 어울리기 어려울 것 같다는 성격이 좀 있었는데 오히려 네가 많은 사람의 중심에서 포용하고 살아가는 모습이 감사함을 더해주네.

26. 엄마가 잘 모르는 스마트폰 사용법을 그렇게도 잘 가르쳐서 이제는 나보다 엄마가 더 잘 사용하고 있으니 얼마나 고마운 일인고,

27. 거의 매일 네가 전해주는 소식에 신선함을 느끼며 산단다. 고맙구나.

28. 스스로 직장에 적응하고 현실 감각을 익혀가는 것에 고마움을 느낀다. 현 직장 오래도록 충성하며 감사함을 느끼거라

29. 지난 번 설 명절 짧은 휴식시간임에도 인터넷 다 검색 하여 엄마 아빠 필요한 정보 제공해 준 것 너무 고맙다,

30. 겨울이라 아빠 춥다고 특수 내복 사서 보내준 것 너무 고맙다. 지금도 매일 입고 다닌다.

31. 그리고 할머니, 외할아빠 내복을 사 드린 것도 너무 고맙고, 항상 그 분들 자랑하신단다.

32. 아빠가 다 갚지 못했지만 아파트 분양 시 구입대금 보태라고 보내준 1600만원 아직도 고맙구나.

33. 거의 컴맹수준인 나에게 싸이월드 사용법을 전수해주어 잘 활용하고 있단다. 딸 키운 보람을 느낀단다.

34. 예비 사위 김종필군 우리 집에 스스럼없이 데리고 온 것 너무 고맙다.

35. 그리고 그 사람 역시 남에 대한 배려는 1인자 더라. 엄마가 흠뻑 빠졌지. 잘 골라와서 고맙다,

36. 결혼 일자, 상견례일자 너희 끼리 다 맞춰주니 부모들은 참 편하구나, 고맙고도 고마우니….

37. 회사의 작은 결혼식 방침에 부응하여 검소한 방식으로 준비하고 있어서 고맙단다.

38. 딸이 나이가 들면 엄마랑 다툼도 많다는데 너는 엄마랑 그렇게 의지하고 지내는 모습이 너무 감사하단다.

39. 아빠가 보낸 문자에도 오늘도 신속히 응신 해주어 너무 기쁘지. 그것도 너희들의 방식으로…

40. 어디를 가서 누구를 만나든 그 분들이 너를 칭찬하여주니 아비로서는 얼마나 기쁘겠니… 정말 보람이다.

41. 작은 것에 기뻐할 줄 알고, 감사를 느끼는 네 모습을 보면서 감사한단다.

42. 지난번 어린이재단과 '세이브드칠드런' 기부활동 도와줘서 고맙다, 근데 너 몰래 어린이재단에 두 계좌 더 신청했다. 미안,

43. 친구들과의 교감 정도를 자주 이야기해주니 엄마 아빠도 네 수준으로 젊어진 기분을 느낀다. 고맙다.

44. 대학생활중에는 학생선교회 활동에 참여하여 많은 젊은이들과 생각을 교류하고 단체생활에도 잘 적응하는 모습에 매우 고마웠단다.

45. 그리고 네가 언제 그렇게 컸는지, 어느 날 봉사활동을 다녀 오고, 그들의 어려움을 보고 국내 많은 생활을 새로운 관점에서 시작하는 모습의 발견은 아빠에게 많은 감동을 주었지.

46. 더욱 감사한 일은 그러한 활동을 1회성으로 그치지 않고 가정의 봉사로 전환하는 지속성을 가져준 것이란다.

47. 또한 그 동안 봉사모임을 통하여 만난 많은 사람들을 생활 속의 고객으로 매번 관계를 유지해가는 너의 사회적인 성숙함이 나를 더욱 감탄하게 하고…

48. 아빠가 갑작스럽게 기부의 맛에 대책 없이 빠질까 봐 현실을 감안한 적정선을 유도해주는 너의 세심함에 한번 더 놀라고….

49. 드디어 2013.1.12부로 우리 가족 수대로 어린이 돕기 회원에 가입한 결과를 이뤘다. 다 너의 덕분 이란다.

50. Save the children 1구좌, 어린이재단 3구좌로 우리 4식구 수대로 정했다. 종필군도 합쳐지면 5명이 되는 셈이지 그런 즐거움을 맛보게

해준대서 고맙다.

51. 다행히 구좌 늘린 것을 동생 많이 늘어서 좋다고 애교로 넘기는 너의 마음에 감사하구나.

52. 아마도 네가 경제력을 좀 회복하면 너는 더 많은 애들을 돌보는 후원자가 될 것이라 믿는다.

53. 특히, 네가 선택한 종필군은 더더욱 넓은 마음을 펼치겠지. 너의 이런 사람 보는 눈이 고맙고 감사하다.

54. 요즈음 아빠는 1차로는 3.1일을 기다리며 설레는 마음으로 회사문제의 모든 어려움을 극복한단다. 힘이 되는 일을 네가 만들어 줘서 고맙고,

55. 또 좀 많이 남긴 했지만 10.5일을 손꼽아 기다리고 있단다.

56. 특히 그날이 내 생일인데 큰 이벤트를 네가 열어 주는구나.

57. 모쪼록 너의 세밀한 신혼준비가 기대되고, 오히려 감성을 앞세운 엄마보다 더 현실감으로 준비하는 네가 너무 대견하단다.

58. 포스코신문 소식 먼저보고 전해줘서 고마워… 우리는 한 주씩 늦거든…

59. 오늘 지역협력유공중소기업인 포상 받은 기사 카톡으로 보내줘서 고마워. 항상 아빠 일에 관심을 둔다는 증거지.

60. 아빠를 항상 존경하고 마치 성인처럼 인정해 주는 감사함은 눈물이 날 정도야. 근데 너무 아빠와 다른 분들을 특별하게 비교하려 하지 마라. 잘못하면 아빠에게 큰 실망할 수도….

61. 참 너의 장래문제를 다른 분과 이야기하다가 혼인계획이 전달되었는데, 비밀 못 지켜줘서 미안하다. 근데 네가 그렇게 아빠에게 부

탁을 하는 듯이 협조를 요청해주니 너무 감사하단다. 혹시 예민한 반응일까 걱정했는데 나를 편하게 해주어서…. 감사

62. 아림이 엄마가 너를 그토록 예쁘게 봐주고 또 정성을 쏟아 주시니, 그게 다 네가 잘 해온 결과이므로 너무 감사하단다.

63. 동생 졸업에 즈음하여 그렇게 배려하는 마음 보여주어 너무 감사하구나. 동생도 매우 고마워 하구

64. 지난 번 종필이와 현욱이 양복에 셔츠까지 다 갖춰 주었는데 너무 고맙다, 누나역할을 너무 잘 해줘서….

65. 너를 통하여 네 직장 선배들까지 엄마에게 소개되는데 그 친구들까지 우리 가족 같은 느낌이 들게 만들어줘서 고맙게 생각한다. 엄마랑 간혹 농담으로 "우리 딸 은혜" 이러기 도 하지…

66. 때론 할머니께 전화 드려서 쓸쓸함을 위로하는 너의 마음 씀씀이에 너무 감사하단다.

67. 지금 생각해 보면 어릴 적 너는 엄마와 아빠의 소통의 수단이기도 했다. 너무 고맙단다.

68. 네 탄생으로 엄마와 아빠는 더욱 사랑을 다지는 계기가 되었다. 사랑의 열매 일까?

69. 미안한 건 아빠와 엄마가 제대로 된 돌잔치 못 열어주었지만 살짝 애교로만 표현해서 고맙고 미안하다.

70. 아마도 어린 시절의 사진이 그리 많지 않아 마음이 허전함에도 다른 분위기로 바꾸는 센스 있는 너의 배려에 감사하구나.

71. 그래도 지영아! 아빠가 확실히 기억하는 건, 너의 돌잔치 날 , 잔칫상 위에 차려진 김치를 한 조각 손에 들고 방으로 뛰어 도망가며 먹던 네 모습 아직도 기억한단다.

72. 그리고 그 때 너는 이미 걷는 정도가 아니라 날아다니는 수준인 것 같았다.

73. 그야말로 돌잔치가 한바탕 웃음 잔치로 부모형제들 모두 행복감을 더한 날이었어. 네 덕분이야….

74. 네 결혼식 사진은 많이 찍어서 오래도록 기념으로 남겨두렴. 아빠에게 많이 보내주면 더욱 감사하고,

75. 나중에 네 자식은 잘 키울 것이라는 믿음을 부모에게 심어주니 또 고맙다.

76. 대학을 갈 즈음에 스스로 네가 판단하여 선택한 대학에 진학했는데, 학과와 지역적인 갈등을 스스로 잘 극복하여 학업을 마친 것에 고마움을 표한다.

77. 취업의 어려움을 극복하고 작지만 실속 있는 회사에서 근무하게 됨에 고맙구나.

78. 덕분에 간혹 딸로부터 받은 용돈 맛도 괜찮더구나.

79. 때로는 자기의견을 피력하고, 때로는 적당히 유연성을 발휘하는 모습들이 서서히 묻어남에 감사하다,

80. 세상을 슬기롭게 사는 지혜를 익혀가는 모습이 보인다. 너무 고맙다, 걱정을 덜어 줘서,

81. 오늘 또 하루 너의 화사한 사진이 내 스마트 폰 화면에서 반겨줘서 고맙다.

82. 매번 느끼는데 어쩌면 사진 찍을 때 그렇게 포즈를 잘 잡는지, 어색한 내 몸짓을 따르지 않아서 좋고….

83. 얼굴은 나를 닮았지만 너무 큰 얼굴이라고 불평하지 않아서 좋고, 오히려 아빠의 확실한 딸임을 자랑스럽게 생각해줘서 고맙다.

84. 약간은 유아적인 네 목소리가 아빠를 진정 사랑하는 모습으로 비춰져서 좋고

85. 엄마보다 많은 시간을 갖지 못한 아빠의 현실이지만, 세상에서 가장 가까운 딸과 아빠로 자리 매김 되어서 고맙단다.

86. 간혹 싸이월드를 이용할 때 면, 네가 만들어 자세히 설명해주던 그 당시가 회상 되어서 너무 좋다.

87. 힘들 것만 같은 서울 생활 어쩌면 그렇게도 잘 적응하고 서울태생보다 더 서울 사람답게 살아가는지 대견스럽다.

88. 근데 지방 사투리를 고친단 것이 미흡해서, "쩌기… 쌧물…" 요런 발음은 좀 더 고쳐야 한다고 스스로 자신을 돌아 볼 줄 아는 모습이 고맙고….

89. 때론 세상의 불합리에 흥분하는 아빠의 말에 동참해주는 배려에 고맙단다.

90. 이제 3월1일에는 너의 제2의 인생을 설계할 양가 가족들의 상견례 날이구나. 생각만 해도 가슴이 벅차구나.

91. 다른 이들은 딸을 보낼 섭섭함이 많다고들 하나, 난 섭섭함 보다는 오히려 이 세상을 슬기롭고 행복하게 살아갈 너희들의 모습이 기대되어 너무나 기다려진단다.

92. 아 지난 가을 포항에도 드디어 야구장이 생겼을 때, 즉시 예매하여 엄마랑 아빠랑 구경가게 해준 것, 많은 친구들에게 자랑했지, 요게 딸 키운 보람이라고…

93. 네 자랑을 할라치면 네가 항상 하는 말 "고슴도치 아빠"라는 말이 생각난다. 그래 난 고슴도치 맞아, 그렇지만 넌 사슴으로 보이거든, 아마 사슴이 봐도 사슴일 거야…

아빠가 아무래도 기억력이 좀 부족한가 봐. 너에게 감사한 일은 더 많은데 기억엔 한계가 왔어. 그래서 이제 제2의 인생을 설계할 시점에 참고했으면 해서 그 말로 100을 채우려고 한다, 잘 들어 줄 것이라 믿는다.

94. **먼저 옳은 말과 상황에 맞는 좋은 말을 적절히 구분하는 지혜로 다른 가족과의 만남을 시작하거라.**
아무리 정의롭고 논리적인 말이라도 상황에 따라서는 시비를 가리지 않는 위로의 말보다도 못할 때가 있단다.

95. 曲則全 이란 말을 잘 기억했으면 한다. 적절히 유연함을 가진 자만이 온전할 수 있다는 말이란다.

96. **원수는 물에 새기고, 은혜는 바위에 새기라는 옛말을 기억하거라.**
가족들중에 무슨 일이 있을 때, 고통을 주거나 짜증을 나게 하는 행위는 바로 잊어버리고, 도움 주고 은혜를 베풀어 준 일만 기억하면 평생 원수 질 일이 없겠지.

97. **기소불욕 물시어인** (己所不欲 勿施於人) 내가 하기 싫은 일은 남에게 시키지 마라

98. **대인춘풍 지기추상**(待人春風 持己秋霜) 다른 사람에게는 봄 바람처럼 부드럽게 하고, 자기자신을 지키는 데에는 가을날의 서리처럼 칼같이 하라.

99. **3인행 필유아사** (三人行 必有我師) 3사람이 있으면 반드시 나의 스승이 한 명쯤 있단다. 나를 괴롭힌 사람도 나의 스승일 수 있단다.

100. 딸아! 누구보다도 사랑하는 내 딸아! 사랑한다. 사랑한다.

소통하는
리더의 유치한 이야기

횡설수설 공통분모
橫說竪說 共通分母

초판 1쇄 발행일 2016년 7월 09일
초판 2쇄 발행일 2016년 7월 15일
초판 3쇄 발행일 2016년 7월 27일

지은이 이종덕
펴낸이 양옥매
편집 디자인 박지현 황순하

펴낸곳 도서출판 책과나무
출판등록 제2012-000376
주소 서울특별시 마포구 방울내로 79 이노빌딩 302호
대표전화 02.372.1537   팩스 02.372.1538
이메일 booknamu2007@naver.com
홈페이지 www.booknamu.com
ISBN 979-11-5776-219-4(03320)

이 도서의 국립중앙도서관 출판시도서목록(CIP)은 서지정보유통지원 시스템
홈페이지(http://seoji.nl.go.kr)와 국가자료공동목록시스템
(http://www.nl.go.kr/kolisnet)에서 이용하실 수 있습니다.
(CIP제어번호 : CIP2016015716)